CCTV大型电视纪录片

天地洛陽

中央电视台《天地洛阳》摄制组著

上海科学技术文献出版社

天地洛阳

"放大河洛文明的缩影"再现"千年帝都的记忆"

洛阳广播电视台台长 王宇振

2009年4月10日，中国2009世界邮展在洛阳举行。同时，一部10集大型人文电视纪录片《天地洛阳》在中央电视台四套黄金时间与广大观众见面。这是继2003年6月9日在中央电视台综合频道和国际频道黄金时间播出21集大型系列专题片《走遍中国—洛阳》六年之后，再一次系统、全面地呈现出"千年帝都"洛阳的最新影像。

在"眼球经济"时代，谁吸引了世人的目光和注意力，谁就赢得了成功。十集大型电视人文纪录片《天地洛阳》就是用纪录片的方式重现"千年帝都的记忆"，放大"河洛文明的缩影"，让洛阳城"形象"起来、"清晰"起来、"生动"起来、"亲切"起来，并通过独特的文化视野和视觉表达，让海内外观众对洛阳产生全新的认知、浓厚的情感、内在的影响和良好的口碑，以使"远着来归"。

一部中国历史，上下数千年的沧桑岁月；一幅中国地图，纵横几万里的广袤疆域，究竟有哪座城市曾经牵动过中国历史的脉搏，究竟有哪一方水土曾经引领过华夏文明的风骚？《天地洛阳》可作答洛阳，天造地设的洛阳城，一座中国人一生中必须要来的城市。大型电视人文纪录片《天地洛阳》，用最新的高清数字影视的表达方式和表现手段，展示洛阳上下5 000年的悠久历史，4 000年的建城历史，1 600年的帝王之都的文明进程，还原河洛历史，书写洛阳记忆，全景式地展现洛阳波澜壮阔的壮丽景象、多姿多彩的人文景观和高速发展的巨大活力，贯穿始终的是中华民族生生不息的民族精神，使得本片的审美品质达到一个新的高度，向世界展现出一个拥有深厚历史文化传统、充满和谐魅力和发展活力的洛阳城市形象，无不具有强烈震撼的视听感染力和情感冲击力。可谓迄今为止，反映中国城市最为全面、完整的大型人文纪录片典范。

本书《天地洛阳》将电视里的“影像”化为字里行间的“形象”，化为一张“城市名片”，把“有声有色”变为“白纸黑字”，从“纸质”上重睹一个真正的洛阳，肯定会有一种新的体味和感觉。这正是我们编辑出版这本书的初衷。

是为序。

2012年3月

天地洛阳

CONTENTS

目录

一 天造洛阳

全长 5 464 千米的黄河流过孟津之后，便在中下游地区形成了广袤的冲积平原，造就出一方沃土。就在这里，一条全长仅有 453 千米的洛河流进了黄河。虽然这条河流的长度还不到黄河的十分之一，但在洛河与黄河之间的这一区域，却有一个特殊的文化地理名词——河洛地区。“河”指的是黄河，而“洛”就是洛河。就在洛河的北岸，一座古城以河为名，这就是洛阳。

…黄河小“三峡”

距离洛阳以东 15 千米的偃师二里头村，有一片巨大平整的土地。在周边村庄和田野的对照下，这块地方显得与众不同。而关于这块土地，当地流传着一些古老的传说，对这里的村民来说，这块土地也显得有些神秘。

1959 年 5 月 16 日，中国科学院考古研究所徐旭生带队在洛阳偃师进行考古调查。在一处土台边，几块陶片引起了徐旭生的注意。一块灰色陶片上的纹饰，使他立刻意识到，这块陶片的身份异乎寻常。

这些不同寻常的陶片带来了一个震惊中外的发现，从这一刻起，许多在传说中未被证明的历史渐渐清晰起来。这片土地从此和中华文明的形成有了千丝万缕的关联。

以徐旭生先生的发现为开端，前后共有三代考古专家和学者对这里进行了持续发掘。从此，“二里头遗址”就因为这个发现而流传开来。

考古发掘和研究表明，“二里头遗址”是 4 000 多年前东亚地区最大的聚落。它拥有目前所知中国最早的宫殿建筑群、最早的青铜礼器群及青铜冶铸作坊。对应史书的记载，这座遗址就是夏王朝的国都——“斟鄩”。这也是迄今为止可确认的中国最早的王朝都城遗址。而它的发现，也让夏王朝这个仅被记载于竹简帛书上的国家真实地展现在人们眼前。

…考古人员

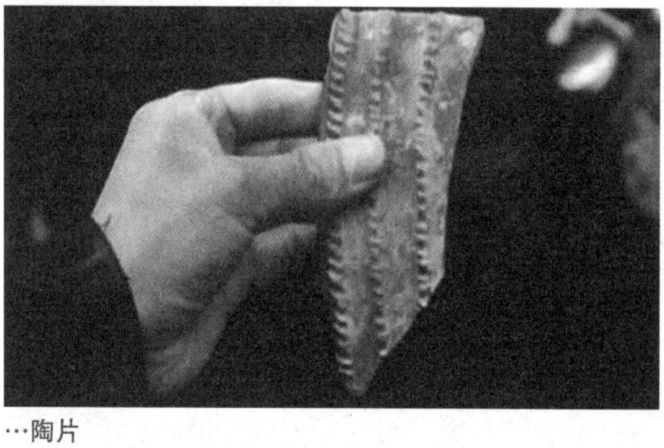
…陶片

根据史料记载，夏、商、周这几个中国最早的奴隶制国家，他们的疆域基本都是以中原一带为中心，而位于中原地区的河洛地区就是这些国家建立都城的最佳选择。

今天，我们还可以在洛阳周边看到孟津渡口、虎牢关、轘辕关、函谷关等古代关隘的遗迹。历史上，这些关隘和其他一些关口一起护

…何尊

卫着国家的中心，控制全国。

1965 年，在陕西宝鸡出土了一件被命名为“何尊”的青铜器，在这件青铜器的铭文上，第一次出现了“中国”这两个字。

蔡运章（中国先秦史学会副会长）：武王伐纣灭商后，决定把国都迁到洛邑。于是他向上天祷告说，他要把国都迁到国家的中心地区，在这里治理民众。这里的“中国”就是指国家的中心地区，就是指当时的成周地区，即现在的洛阳地区。

二里头夏都斟鄩遗址开始发掘后，二里头村的村民经常亲眼目睹一些重要文物的出土，给他们瓜棚柳下的谈资增加了不少玄妙色彩。

右图是一件出土于二里头遗址、被称为夏爵的文物。夏爵高 22.5 厘米，三足细长，束腰平底。铜爵的器壁很薄，无纹饰，造型匀称，是迄今为止见到的最早的青铜爵，被誉为“中华第一爵”。

当时，夏王朝已经进入农耕社会，河

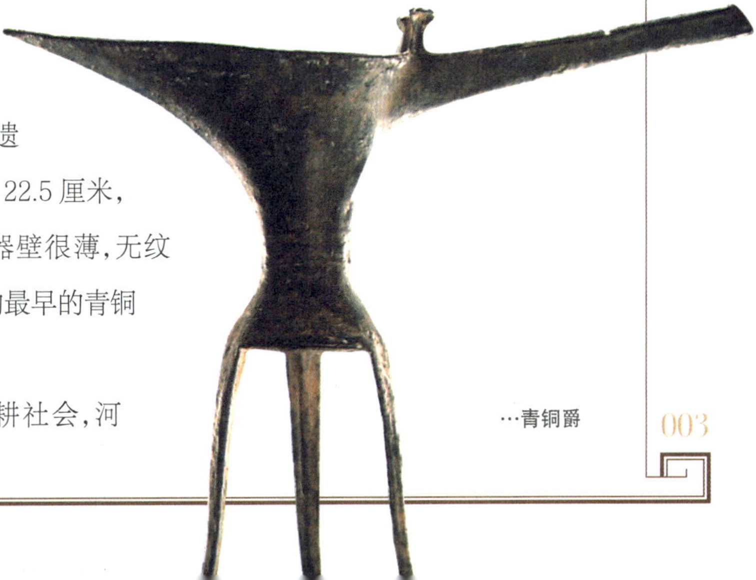

…青铜爵

…镶嵌绿松石铜牌饰

…叔牝方彝

…陶爵

洛平原地带气候温和，水源丰富，是肥沃的农耕区，而且当时已经有了较为发达的手工业，并在手工业内部有了分工，大体分为陶器、铜器、玉器、漆器、纺织和酿酒等。

这些出土于二里头遗址的陶器、青铜器、玉器，都表明了 4 000 年前这里的文明发展水平和生产技术已经达到很高的程度。

圪垱头村村民郭振亚至今都还记得，在 2002 年，当他看到从二里头夏都遗址出土的一件特殊文物时，那种无法忘怀的震惊。

…玉牛调色器

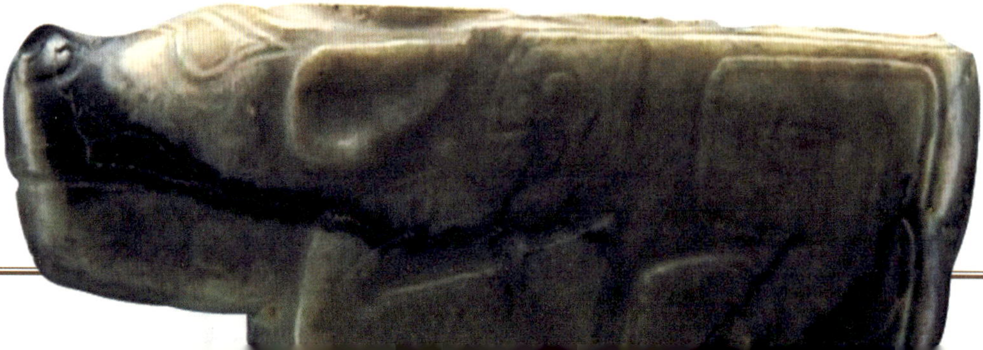

…夏朝商朝周朝疆域

…夏商周疆域

郭振亚(偃师圪垱头村村民):先是清理,清理清楚后一看,啊,原来是一条巨龙,这个太厉害了。

郭振亚看到的绿松石器物距今已经 3 700 年。这一发现于中原地区的龙形,从夏商周到秦汉一脉相承,可以说是中华民族龙图腾最直接、最正统的源头。

20 世纪 50 年代初,考古学家在洛阳市内发掘出东周王城的遗址之后,二里头夏都遗址和偃师商城遗址相继被发现。几十年来,在不断地发掘中,洛阳地下巨大的遗址群逐步重见天日。

从大约公元前 2000 年,中国历史上进入农耕文明的国家夏朝第一

…邢窑、越窑

个在洛阳建都开始，到公元 938 年五代十国时期的后晋灭亡，以洛阳直接作为王朝都城的时间有 1 600 年左右，因此，洛阳成为了中国历史上建都年代最早、时间最长的城市。

如今，沿洛河东西 30 千米长度的区域内，分布着二里头夏都遗址、偃师商城遗址、周王城遗址、汉魏故城遗址和隋唐洛阳城遗址等五大都城遗址，人称“五都荟洛”。

夏都斟鄩，方形宫殿，开启王者居所先河；

偃师商城，宫殿众多，布局中线，左右对称；

东周王城，宫殿严格规制，威严凝重；

汉魏故城，金墉傲视全城，宫殿古朴典雅，承接秦汉遗风；

隋唐洛阳城，内城外郭，形制完备，宫殿宏伟气派，里坊严格规整。

洛阳位于黄河中游南岸的伊洛盆地，四周的山脉成为了洛阳的天然屏障。因此，居天下之中的洛阳“河山拱戴，形势甲于天下”。

在这个面积 1 480 平方千米的伊洛盆地，丰富的水源和温暖的气候，是利于先民们繁衍生息，并孕育出灿烂的河洛文化的客观条件。

洛阳周围水系发达，物产丰富。主要河流就是洛河，它在不同河段分别与涧河、瀍河、伊河汇合后，流入黄河。因此，洛阳自古便有了“五水绕洛邑”的说法。

温润洛阳的五条河流中，对这座城市最重要的就是洛河。全长 453 千米的洛河最终流入黄河，它给予了洛阳这个城市的名字，更养育了这里的生命和文明。在中国北方，洛河是少见的冬天不结冰的河流，因此自古便有“温洛”之称。数千年前，我们的先祖就熟悉了这里特有的环境。

…河图洛书

位于洛阳孟津县的龙马负

…兽面纹方鼎

…错金银铜鼎

图寺，建于公元310年。这个寺庙让我们追思的正是“河图洛书”的传说。

相传，伏羲氏有一次在黄河边发现了一头“龙首马身”的怪兽，怪兽的鬃毛卷成有规律的图案；后来大禹治水时，又看见从洛水中爬上来一只巨龟，背上也有规律排列的图案。伏羲氏受到启发，制作了八卦图，指导部落生活。而大禹悟出思路，总结治水方法。后来，古代典籍中便留下了“河出图，洛出书，圣人则之。”的记载。

这种“天人合一”的思想，便形成了中华文明的源流。

在洛阳老城西关的周公庙，供奉着周公。周公名旦，是周武王的弟弟。他到洛阳营建东都成周，制礼作乐，对后世影响深远。

中国的青铜文化起源于公元前21世纪的黄河流域。据考古发现，夏王朝的都城已经有了青铜器作坊，而到了殷商时期，青铜器铸造工艺不仅十分成熟，而且整个都城几乎就是一个“大工场”，著名的司母戊大方鼎就是这个“大工场”的杰作。

…方格纹铜鼎

建立在河洛地区的夏、商、周等王朝，都将青铜器主要用于祭祀礼器，传递着先民们的愿望。

“钟鸣鼎食”是一个成语，而它的来源可以上溯到西周时期。西周王朝建立之后，周公旦在成周“制礼作乐”，建立国家典章制度，教化人们礼仪规范。

蔡运章(中国先秦史学会副会长)：周公的礼乐思想，他把当时的宗教、政治、人文融为一体。是中国远古的思想观念从原始巫术向人文伦理思想过渡的一个大的飞跃。

周公制作了五种礼仪和配合礼仪演奏的音乐。这些礼乐规制维护了王权，形成了尊卑贵贱、上下等级的宗法制度。但他以德治国的民本思想，成为了后来的老子道家学说和孔子儒家学说的理论根源。

蔡运章(中国先秦史学会副会长)：后来的老子不言仙，孔子不信神，都敬鬼神而远之，就是从周公的礼乐思想产生的。

2008 年 11 月，时任洛阳市文物局研究员的蔡运章来到了洛阳偃师东大郊村。据说，这里的村民家中藏有一块三体石经的拓片。《三体石经》又称《正始石经》，刻有《尚书》、《春秋》，共约二十八通碑，于三国魏齐王曹芳正始二年立于太学，是中国继东汉《熹平石经》后刻立的第二部石经。碑刻以古文、小篆、隶书三种不同字体刻写，因此，在中国书法史和汉字的演进发展史上具有非常重要的意义，《三体石经》也由此得名。

蔡运章(中国先秦史学会副会长)：这是块三体石经的拓片，它的内容据我的分析应该记载《春秋》这本经典的刻本。比如这上面说：晋侯重耳卒。现在我国国家博物馆包括洛阳博物馆藏的三体石经都是小块的，像这样大块的现在都还没有。

由于字字珍贵，20 世纪 30 年代，《三体石经》出土后，被人凿成小块出售。完整的《三体石经》在东汉时期是作为学生学习的课本而立于太学的。

太学即中国古代的国立大学。史料记载，西周时期就有了太学的说法。到了西汉，经著名学者董仲舒倡导，汉武帝建立了太学院，教授儒家学说。东汉时，光武帝刘秀在洛阳建太学，“凡所结构达二百四十房，千八百五十室”，最多时学生人数达到 3 万余人，成为中国古代教育的盛举。

这是一块高 4 米左右，宽 1 米多的石碑，如果要拓一张拓片，3 个人要花费 4 个多小时。这块于 1931 年在洛阳东郊 15 千米出土的石碑，是用一整块石料雕刻而成，正面碑额刻有隶书“大晋龙兴皇帝三临辟雍皇太子又再莅之盛德隆熙之碑”等二十三字。碑文记载了公元 278 年晋武帝司马炎及皇太子司马衷到辟雍视察的情况。碑上所提到的“辟雍”就是太学的意思，因此，这块石碑被称为“辟雍碑”。西晋“辟雍碑”反映出皇家对太学教育的高度重视，也佐证了那时候儒学的兴盛。

距离“辟雍碑”大约 10 千米的洛阳老城区内，有一块“孔子入周问礼碑”。石碑记载了东周时期，30 岁左右的孔子来到洛阳，向比他年长约 20 岁的老子请教礼乐的事。年轻的孔子游历四方后，在周公礼乐的基础上，发展出了儒家学说，影响了后世 2 000 多年。

孔子来到洛邑时，老子在这里担任东周守藏史，相当于现在的国家图书档案馆馆长。他博览群书，并感悟出人与自然的关系。在洛阳期间，老子最终把自己的体会融入到一部名为《道德经》的典籍之中，由此诞生了道家思想。以道家思想为基础，大约在东汉初年，中国本土宗教道教产生了。

同样在东汉时期，印度僧人摄摩腾和竺法兰在汉明帝刘庄的邀请下来到洛阳。不久之后，这里诞生了中国第一所官办佛教寺院——白马寺。白马寺建成 400 年后，在距离白马寺不远的龙门山上，北魏孝文帝开始

…孔子入周问礼碑

…上清宫

…伏羲殿

了筑凿龙门石窟的宏大工程。石窟的雕凿持续了三四百年才基本完工，它在今天被列为世界文化遗产。从西方一路走来，佛教在洛阳脱胎临界，完成了中国化的过程。

不断更新的认知丰富了人们的精神世界，精彩真实的世俗生活也在继续。在洛阳出土的许多文物都定格了一个个生活的片段，这些场景还原了千百年前先民们的喜怒哀乐。

中国特色狮身人面像的幽默；印度佛教护法神、中国武士头盔的诙谐；市井妇女的发型、眉眼和唇部的化妆效果；以及街头男子胡须样式的流行风格。

…彩绘陶俑

另外，丝绸之路上万里跋涉的骆驼和商人；跨上战马，等待出征武士的威武雄壮。都共同构成了当年洛阳一幕幕世俗的生活状态和表情，再现的是当年洛阳城文化多样，东西方文化交融的大度气概。

今天，洛阳嵩县的“二程”故里鼓乐齐鸣，来自广东的程家后人踏上了祖先的故土。

程传石(程氏后代)：我听先生讲课如坐春风一般，后来后人就把这个引申为这么一个成语“如沐春风”。

故土的乡亲向远房的亲戚介绍祖先的辉煌，一炷清香也包含了后人的尊敬和自豪。

程仕河（程氏后代）：这是我们程夫子长孙的一个儿子。在南宋期间，就是距现在800多年以前，由于某种历史的原因，南迁到了广东佛山市南海区西巢那个地方落户了。到现在繁衍子孙也是好几万，甚至十多万人。

程家先祖就是北宋时期的洛阳人程颐、程颢兄弟，他们被合称为“二程”。“二程”在继承传统中国文化的基础上，提出了“理学”的哲学思想。

在北宋时期的洛阳，程颐和程颢这两位说着河洛话的老先生，以匡扶儒学为己任，恨不得把整个世界都装在一部《论语》当中。嵩阳书院的枯黄灯光下，两位老先生皓首穷经，苦思冥想，在批判吸收佛、道的基础上提出了：“理”是世界本源的哲学观念。后来经过朱熹加

…玛瑙璧

…道学堂

以整理，形成体系，于是“程朱理学”诞生了，从此影响了中国几百年的封建社会。

蔡运章（中国先秦史学会副会长）：儒家思想原来是以“仁”为核心，它很少讲天道，很少讲人和自然的关系。儒家侧重于社会人事，道家侧重于自然天道，而佛教侧重于未来世界。儒、佛、道三家的思想，形成了一个完整的思想体系。

从《河图洛书》时代开始，先贤们在河洛一带用自己的智慧影响着后人的生活。使得这片土地成为了中华文明的一个重要源流，流进每一位中国人的血脉之中。

于是，一群风格各异的人物形象站立在了河洛之间：他们或察天观道，或诗剑英豪，无不热血滚烫，豪气冲天，一肩担天下道义，一肩负百姓福祉。这种浓浓的人本情怀，一直激励温暖着每个炎黄子孙的心田。

在洛阳城边一个不起眼的小作坊里，一种以洛阳命名的文物考古工具“洛阳铲”被制造出来。这是中国文物工作者的必备工具。这件朴实而精妙的工具，让今天和千百年前的河洛历史相连。

时光雕刻了远古的文明，那是天地正气，
符号传递着先祖的信息，却是刀刻火烤。
一阵风雨过后，传来阳光的微笑，
在觥筹交错的欢呼中，饮下苍天赐予的骄傲，
在挥汗如雨的炉灶旁，拭去柴火赏给的自豪。
悄无声息地转身，不是离去，
依依不舍的目光，才是黎明前的盼望。
万年溶就的岩浆，喷吐千年寒冰的湿气，
亘古永恒的星空，投射瞬间炽热的光芒。
于是，穹隆形的天地，就是舞台的背景，
而冰清玉洁的温润，才是那不变的脸庞。

“若问古今兴废事，请君只看洛阳城”。洛阳，一部中华文明的煌煌画卷。上下五千年，纵横千万里，洛阳在天地间写下了灿烂辉煌的篇章。

…洛阳市区

二 王者之地

从天空俯瞰北京城，一条全长7.5千米的中轴线贯穿古都北京，这是世界上现存最长的城市中轴线。而坐落在中轴线上的故宫，则是世界上最大的皇宫。

中国几千年历史的积累和文化传承，无数帝王意志的体现和表达，最后都在故宫这座恢弘的建筑上集中体现了出来。从最初的部落群居到故宫的绝世形制，中国古代的都城和皇家礼制是怎样一步一步发展而来的呢？

…东周王城三维复原

洛阳王城公园建于1955年，也是中国唯一一座王城遗址公园。1954年，考古人员在今天洛阳市中心区域的位置发现了东周王城的遗址。当时生活在这里的洛阳人并不知道，他们的脚下就是曾经恢弘一时的东周王城。在这里，东周王朝历经了25位帝王和515年的岁月。

…洛阳王城公园

公元前1046年，在商朝国都安阳的郊外爆发了一场“牧野之战”。结果，殷商王朝被终结，中国历史进入了周朝，史称西周。6年后，西周王朝就开始了在天下之中的河洛地区营建洛邑的工程。公元前770年，周平王迁都洛邑，史称东周。

周公“制作礼乐”之后，都城的规制有了明确的规定。《中国建筑史》中说：“都城之规制，以周之东都最为完备。”因为地处今天城市的中心，考古发掘还不能完全窥探这座城市的形制，我们只能利用三维复原来展现这座王城的容貌。

历史上，东周王城北依邙山，南临洛河，平面略作正方形，城周长约15千米。内有宫殿、祖庙、社坛、作坊和墓葬群遗址。

东周王城的宫殿大致就在今天洛阳王城公园一带。在这里，东周王朝经历了春秋和战国时期。直到公元前221年，秦始皇统一中国后，这座王城的使命才告结束。

司马迁曾经说道：“昔三代之居，皆在河洛之间。”这里的“三代”就是夏商周三大王朝。到1954年发现了东周王城遗址时，另外两个王朝都城遗址均尚未发现踪迹。

没有实物，便无法证明中华五千年文明史之论。中国史学考古工作

…东周都三维复原

者一直期盼从河洛的旷野中再发现一个可触摸的夏王朝来，以证五千年文明史之实。

东周王城被发现4年后，著名考古学家徐旭生凭着《国语》中“伊洛竭而夏亡”这一句话，徒步在一千多平方千米的伊洛平原苦苦寻觅。当他和同事们途经偃师二里头村的一处土台边时，几块裸露在地表的陶片引起了徐旭生的注意。他随手捡起了一块灰色陶片，当他看见这块灰色陶片上的纹饰时，一个令人震惊的发现就此出现。

经过考古发掘发现，此处是一座古代大型城市的遗址。这个温暖湿润、土壤肥沃、水源丰富的盆地，非常适合人类的生活。而城市建在隆起的平坦高地之上，显然可以减少洪水的侵袭。

蔡运章（中国先秦史学会副会长）：古代所谓“山环水抱必有气”，北边要有群山环绕，东南面要敞开而且有水流过，使湿润空气通过东南风不断吹过来。

随着不断地发掘，来自地下的信息逐渐丰富起来：古代施工人员首先挖掉地表上的松土，再铺上三层鹅卵石，然后填土夯筑，形成了高度约一米的台基。根据建筑手法和规模，考古人员判断，这里可能是一座都城。不久，文物的放射性碳素断代数据给出了答案，绝对年代在公元前2000年至公元前1600年之间。

通过查阅各种典籍的描述，这座都城的面纱终于被揭开，这里就是夏王朝时期自太康到夏桀时代的都城遗址——斟鄩。荒淫无道的夏桀成了亡国之君，但这座都城遗址，证明了夏王朝的存在，也让中华文明5 000年之说有了实证。

从遗存地基可看出，二里头夏都斟鄩是一个规格齐备、气势不凡的建筑群，包括宫殿和宗庙等等。城中的最大宫殿遗址，略呈正方形，坐北朝南，已经具备了中国古代皇家建筑的雏形。城市中建有纵横交错、四通八达的道路网。整座城市方方正正的建筑规制，强烈反映出中国传统“天圆地方”的思想，标志

…二里头夏都三维复原

…夏都三维复原

着中国早期国家的形成和王权政治的确立。

斟鄩作为夏代的王都，从太康到夏桀前后持续了约 400 年左右。大约公元前 1600 年，商族的军队在首领成汤的带领下攻入了这座王城，中国历史上第一个王朝就这样灭亡了。

据古籍记述，商灭夏后，并没有以斟鄩为都。他们建都西亳，那商都西亳的遗址又在哪里呢？

1983 年，中国社科院考古所汉魏故城工作队为了寻找汉魏时期的外郭城东城墙，在偃师县城以西进行考古钻探。他们发现了一条南北方向的夯土城墙，原以为找到了汉魏时期洛阳城外城的城墙。然而，顺着这条城墙寻找，他们却发现了一座南北 1 700 米，东西 1 100 米的城池，

…商都三维复原

…商都三维复原

于是，考古人员决定试掘。试掘的结果出人意料，这座建于商代早期的城市，就是寻找了千百年的商都西亳。

商都西亳居于伊洛河平原东端一处隆起的高地上。这里地势平坦，土壤肥沃，交通便利。距离夏都斟鄩东北约 6 千米，不仅更利于控制中原地区，而且取水和交通也比斟鄩更为便利。

在考古发掘中人们发现，商都西亳有着完善的供水和排水体系，3 000 多年前石砌的水道和水管依然清晰。在宫殿区复原的这座水池和城市的水网系统相连，它不仅是中国现知最早的帝王池苑遗存，也是年代最早的人工开挖并用石块砌筑的城市水利设施。

今天，考古人员已经复原了部分商城宫殿的基址，这座被标注为 4 号宫殿的遗址就是商城宗庙的遗址。除了这座建筑，商城王宫的所有建筑都历经了不断的改建和扩建。只有宗庙由于神圣的地位，因此建成后不宜改建。在几乎没有任何器物的遗迹中，宗庙的确认也为商城王宫的功能划分提供了准确的依据。

谷飞（中国社科院考古所商城考古队队长）：我们把这个宫殿建筑分成东西两个部分，东面我们理解成宗庙部分，包括 4 号殿和 5 号殿。西半部分我们理解成是朝，是行政

…再现牧野之战

的地方，包括3号殿、2号殿、8号殿以及寝殿，住人的地方。这样呢，西半部分形成前朝后寝的格局。就西半部分和东半部分而言，形成左祖右社的这种格局。和斟鄩不同的是西亳是一座大城套着小城的城市。偃师商城始建之时，先建立小城和宫殿区两部分，然后才建造了外围的大城。宫城位于小城的南部居中，这是中国古代宫城居于全城中轴线上的最早实例。

小城就是皇城，大城为郭城，从而形成了比较完善的“城”“郭”体制。也许在攻入斟鄩后，商王感到夏王城的脆弱和不安全，所以在自己的王城中强调了保护的功能。筑城以保君，造郭以守民，宫城作为都城核心空间的位置与地位，就从这里开始进一步稳定和日趋神圣化。

在西亳生活了将近200年后，商朝迁都离开了西亳，从此再也没有回来，最后在“牧野之战”中被周族灭亡。

…汉光武帝陵

…光武帝陵石碑

夏、商、周先后建都河洛地区，让这里真正开始了王者之地的历史。

位于洛阳市北侧，和洛河并行的长约 50 千米，南北宽约 20 千米的土岭，它有一个众望所归的名字——邙山。唐朝时就有了“生于苏杭、葬于北邙”的说法。历史上，在这座土岭上，墓葬多的“几无卧牛之地”。其中，有数十位帝王就被安葬在这里。从天空俯瞰，邙山一带保留封土的大型墓葬比比皆是，而那些没有了封土的墓葬就无法统计了。

东汉光武帝刘秀的陵墓位于邙山之上。实现了汉室中兴后，刘秀定都洛阳。在安排将来的陵寝时，邙山成为了他眼中的风水宝地。之后，这里便成了当时人们向往的最后归宿。

光武帝刘秀定都的东汉洛阳城，在距离今天的洛阳城东 15 千米处，在东汉之后，曹魏、西晋、北魏也相继建都于此，所以这里又被称为“汉魏故城”。

近 2 000 年的岁月流逝，汉魏故城如今只剩下残垣断墙留于地表，昔日的繁华也如邙山一般寥落沉寂了下来。

“辟雍碑”记载的是西晋皇帝视察当时的国立大学“辟雍”的盛况。碑身几经辗转之后，最后落户在洛阳偃师东大郊村。在汉魏故城的考古

…光武帝陵石狮

发掘中，一块碑座的遗址让人们想起了这块碑。当碑身和它的底座最终吻合后，汉魏洛阳城“辟雍”的位置就这样被确认下来。

钱国祥（中国社科院考古所魏故城队队长）：我们知道当时在辟庸遗址的西面还有明堂遗址，就是我们后来确认的明堂遗址。再西面还有灵台遗址，东面还有太学的遗址。

如果当年在太学学习的儒生向北望去，他能很清楚地看到东汉洛阳城内的宫殿区。东汉皇宫宫殿分为南宫与北宫，其中还包括皇家花园。宫殿周边是国家最高行政机构三公衙门和贵族住宅区。

260年后，曹魏建都洛阳，宫殿的位置都被改建在了一条南北纵线之上。同时还确立了宫城在都城之中居北、居中的布局形制。

在一段汉魏洛阳故城的城墙遗址上，可以看到墙上的大洞就是当年为了夯筑城墙，放入木桩后的遗迹。而一道道深沟则是垂直分层夯打城墙后留下的空隙。

昔日皇家城墙的坚固早已不再，只是不知道那把从城墙上复归于大地的黄土，是否还会偶尔和身边的野草谈起它的旧事。

公元494年，北魏孝文帝从平城迁都洛阳。在全面推行汉化改革政策之后，开始大规模改造营建新的洛阳城。

在汉魏故城遗址中,我们今天还能看到北魏时期皇家寺院永宁寺内一个木塔的塔基。根据文献记载和考古研究,这座木塔大约有 130 多米高。而中国目前尚存的最高木塔,就是山西的应县木塔,它也才 67 米的高度。因此,100 多米高的永宁寺木塔,也许就是中国木结构建筑上一个空前绝后的重要建筑物。

钱国祥(中国社科院考古所汉魏故城队队长):当时木塔建成的时候,胡太后携小皇帝,就是孝明帝一起登木塔,登高望远。上到塔上以后,放眼一望就能看到宫中,就是“视京中如掌内,临京师若家庭”这样一句话。这个就是说,当时看宫中,就像看整个手掌那么清楚。

北魏皇帝在永宁木塔上登高远眺时,洛阳城内最耀眼的建筑就是位于城市中间的阊阖门。直到今天,阊阖门遗址依然壮观、大气。

阊阖门是北魏宫城的正门,它巍峨壮丽,豪华磅礴。阊阖门往北正对宫城内的正殿太极殿。

从阊阖门往南,有南北向大道直通宣阳门。这条大道就是著名的铜

…汉都三维复原

…汉都三维复原

…隋唐城平面图

驼街。北魏洛阳城城内有东西横街和南北纵街 8 条宽广的大道，它们组成规整的棋盘式道路网。横贯一条宽约 40 多米的东西大街，将全城分成南北两部分，并与铜驼街交叉，形成“T”型道路骨架。

宽 42 米，纵深近十五里的铜驼街是的全城中心大道和中轴线，两侧集中布置重要的中央官署，永宁寺就在街的西侧。

这种以中央大道为东西和南北轴线的规划，既能四通八达，也突出了宫城对全城空间的总揽地位，布局严谨规整，从而为后世都城建设所效法。

公元 499 年，北魏孝文帝在迁都洛阳 6 年后去世。他的儿子宣武帝即位后，征用数万民夫，在洛阳城的外围新筑了郭城。此时的洛阳城已有了比东汉时大得多的规模，城市由宫城、内城和外郭城三部分组成，宫城居中，其他建筑分列两边，还有了整齐划一的里坊区。按里坊制度布局与管理郭城，是北魏洛阳城的创举。这也是中国古代都城建设史上第一次有计划地把都城居民整体规划管理。那时的北魏洛阳城已是世界上最大的城市，人口百万、车水马龙，一片繁华兴盛。

2007 年，洛阳市大遗址保护工程全面启动，位于现在建城区内的隋唐城遗址保护是其中最重要的内容之一。一处正在发掘的考古工地位于洛阳市印刷厂。如今，印刷厂已经搬迁，整个工地热闹非凡。考古队员的脚下就是隋唐洛阳城的宫殿中心区。

1 300 多年前，隋代建筑家宇文恺接到了一个任务，为隋炀帝营建东都洛阳城。宇文恺看中了洛河边上汉魏洛阳城和东周王城之间长约 15 千米的土地。宇文恺每月动用200万劳力施工，在经过13个月建设之后，宇文恺主持建造的隋唐洛阳城宣告完工。

受河流的影响，宇文恺将皇城建在了西北角的高地之上，也就是今天的洛阳印刷厂一带。之后，宇文恺又将城门地点定了下来。这样，城市也就有了轮廓。今天，我们还能看到应天门的遗址，应天门是宫城南边的中门，它正对的城门就是定鼎门。定鼎门是隋唐洛阳城的外城门，它位于周成王迁鼎入洛时的洛邑鼎门，因此叫定鼎门。它的遗址如今已

…唐都三维复原

…唐都三维复原

被考古发掘出来，这座城门到洛河边的 20 多平方千米的土地就是隋唐城整齐划一，犹如棋盘格子一般的里坊区。

定鼎门与皇城正门之间，有 116 米宽，今天，我们在天空俯瞰定鼎门，可以看到一条直线指向了宫城，而线的另一头指向了龙门。

因地制宜，宇文恺使宫城、皇城的正南门与龙门、伊阙相对。将宫城布置在都城之西北，象征居于天之中央的北极星，故而隋唐洛阳城宫城又被称为“紫微城”。这种独特的平面设计，表现了以东南西三面拱卫宫城的匠心，穿城而过的洛河则是象征天际的银河，位于洛河两岸的里坊，象征着银河两岸的繁星。于是，隋唐城中轴线北起邙山，穿过宫城、皇城、洛水上的天津桥、外郭城的定鼎门，往南一直延伸到龙门伊阙，形成了隋

炀帝心中的中轴线。从此,都城的中轴线包含了天、地和人之间的呼应和互动,从一座城市的地标含义拓展到了一个王城的龙脉所在,这一理念也延续到了北京的紫禁城。

在隋唐洛阳城宫殿区内有一处保护于20世纪80年代的遗址,这就是明堂遗址。在武则天时期,明堂是洛阳城内最醒目的建筑。为了体现自己的开明和与众不同,武则天把本应位于都城南郊的明堂移到了整个宫城大殿的正前方,也让明堂成了洛阳城的中心。

根据记载,明堂是古代帝王祭祀、朝会、庆典的场所。武则天的明堂修得相当壮观华丽。它的高度为91.43米,周边长93.3米,这不仅在1 300年前的古代是了不起的高层建筑,就是在今天也称得上超高层建筑了。站在明堂上俯瞰整座洛阳城,宽广的大运河舟楫相连,繁华的市场车水马龙,整齐的里坊规整有序,巍峨的皇城气势夺人。一座世界大都会的雍容气度、一个盛世王朝的鼎盛繁华一览无遗。

这是洛阳城中正在考古发掘的一处遗址。遗址年代属于东周,目前已经发掘出几十座墓葬和一处车马坑。

距离遗址坑300多米远,洛阳东周王城广场上有一个六匹马拉车的雕塑。它的地下就是2002年发现的大型车马坑遗址“天子驾六”。在地下车马坑内,车马呈纵向两列格局,宛如出行阵列的场面。这是目前中国所发现时代最早的一辆“驾六”马车,以直观清晰的形式印证了古文献中“天子驾六”礼仪的记述。

从大约4 000年前中国最早的都城二里头夏都斟鄩开始,都城营建的理念日臻成熟,皇权中心的精神内涵不断扩大。从河洛开始,中华文明的枝蔓历经数千年的成长,最后覆盖整个华夏,而王者的风度也从这里一步步走向了它最后的辉煌——北京紫禁城。

三 丝路千年

“其先安国大首领。破匈奴，衙帐百姓归中国。首领同京官五品，封定远将军。曾祖讳钵达干，祖讳系利。”

——节选自“唐 · 安菩墓志铭”

…洛阳航拍

…丝绸之路

1981 年，在配合洛阳龙门东山的基建工程时，发现了一座唐代古墓，墓主人叫安菩。这座唐朝古墓看起来与众不同。

程永健（洛阳市文物工作队副队长）：在洛阳来说，唐墓里面绝大多数都是坐北朝南，就是墓道在墓室的南边。而这个安菩墓，它的墓道是在墓室的北边，这是非常少见的一种现象。所以我们推测，这可能和他是西域人有关系，是不是他死了以后，还朝着他家乡的方向。

现场发现的一块 40 厘米见方的墓志铭，成为探究这座古墓的线索。安菩的一生被 300 多个文字浓缩，他的祖国——安国，就位于今天的哈萨克斯坦。

考古挖掘中，人们在安菩墓里发现了大量的陪葬品。但是，安菩的随身物品却只有一件，那就是他手中紧握的一枚罗马金币。

一位来自安国的西域人，手握一枚来自罗马的金币，被葬在洛阳。它们之间究竟有着怎样的联系，这其中又有着怎样的故事呢？

1877 年，德国地理学家李希 · 霍芬在他著名的《中国》一书中提出了一个崭新的地理概念——“丝绸之路”。这个富有诗意的名词后来传遍了整个世界。今天的人们认为，丝绸之路就是汉唐年间连接东方中国和西方罗马、以丝绸为主要商品的贸易之路。

汉武帝时期，张骞两度出使西域，第一次是公元前 139 年，最主要目

…张骞出使西域

的是联合西域诸国共同抗击匈奴。第二次是公元前 119 年，这一次张骞只花了 4 年时间，便完成了大汉“凿空西域”的使命，西域使者开始频繁和大汉往来，这也成为丝绸之路正式形成的标志之一。两次出使西域，张骞把大汉王朝的声威带到了整个西域。

在洛阳出土的一些汉代文物中，典型的罗马符号扑面而来。但是当年张骞出使西域并没有到达罗马。那么，当时洛阳的艺术家是怎样刻画出如此生动的罗马面孔呢?

在洛阳孟津县有一处墓地，墓碑上定格着“汉定远侯班超”。在张骞出使 200 多年后，东汉代理司马班超再次出使西域。因战乱而一度中断的丝绸之路上再次传来绵延不绝的驼铃声。最终，班超的副将甘英到达了波斯湾。那里，距离罗马帝国的疆界只有不到一百千米。

《后汉书》记载了中国历史上第一个罗马使团的到来。那一年是公元 100 年，距离甘英到达波斯湾后整整三年。很显然，当年甘英抵达波斯湾的消息，最终被罗马商人获悉。

7 000 千米长的丝绸之路，穿越了欧洲大陆和东亚大陆。罗马使团带来的新奇异域货物，也让东方的艺术家有了新的创作灵感。

2006 年 8 月，中国国家文物局在“丝绸之路申报世界文化遗产国际协调会”的决议中指出，丝绸之路中国段始于今天的洛阳和西安，也就是

公元前后中国汉代的东、西两京。

…罗马人头雕像

也就是那个时期，安菩随着商队从故乡安国来到了洛阳。

“蚕”字由“天”字和“虫”字组成。在中国古代，人们认为它是上天的礼物。蚕吐出的丝织成了丝绸，也成了支撑“丝绸之路”最重要的商品。据记载，罗马凯撒大帝和埃及艳后克里奥帕特拉都喜欢穿中国的丝绸。上流社会的时尚也成了罗马市民的追求，巨大的丝绸贸易几乎耗空了罗马帝国的国库。

洛阳博物馆收藏的一件出土于洛阳的西周文物——玉蚕蛹，距今3 000多年。传说，黄帝的妻子嫘祖在洛河边创造了蚕桑业，她被后世称为蚕神。数千年前，洛阳一带气候温和，水源丰富，桑蚕业繁盛。几乎从商朝开始这里就有了种桑养蚕的历史，《三国志 · 魏书》中把缫丝机的改进作为一个重大历史事件记录了下来，洛阳也因此一度成为丝织业的

…出使西域图

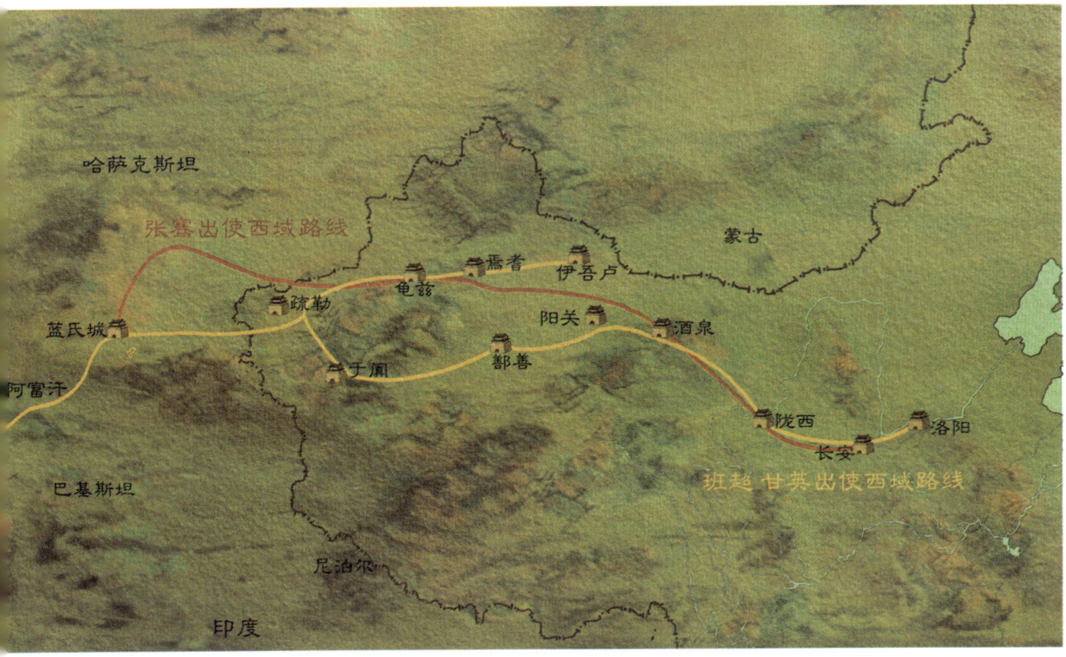

…蚕茧

…蚕茧

繁盛之地。

在洛阳孟津县负图村，目前尚存的几百亩桑林显出勃勃生机，村民正在重复他们祖辈曾经的工作。今天，这样的情景在洛阳已经很难遇见。

在洛阳城中长大的周胜利，从小就听说这里古代桑蚕业的发达。今年，周胜利在孟津负图村种下了一片桑林开始养蚕，梦想在家乡恢复当年桑蚕业的盛况。

洛阳关林附近的关林商贸城是中国北方最大的小商品市场之一。在汉唐年间，作为全国的交通枢纽，洛阳是重要的商品集散地，而丝绸之路，更让这里形成了世界上最繁华的丝绸贸易市场。

当时在洛阳充斥着各种语言的丝绸市场一片繁忙。那么，满载丝绸的商人如何将他们采购的丝绸从这个地方运出洛阳，踏上那七千多千米长的征程呢？

2007 年，洛阳定鼎门考古现场发现了大型动物脚印的遗迹。考证之后，遗迹被证明是骆驼脚印，所属的历史年代指向了唐朝。这些穿越了1 000多年时空的定格，让切实存在却又无法触摸的“丝绸之路”，变得生动起来。

骆驼是“丝绸之路”上最重要的交通工具，隋唐年间，定鼎门是运载丝绸的商队出入洛阳的必经之地，这也证明，定鼎门正是商队踏上丝绸之路的起点。

从定鼎门出发，沿着今天的道路向西前行，第一个到达的县城就是新安县。在新安县城东，一处古代遗存出现在眼前，这里就是著名的汉函谷关。

…马蹄印

…驼队

…夕阳沙漠驼队

…函谷关

古代真正的函谷关不在这里。西汉定都长安后，长安城的富庶繁荣使人们产生了“耻为关外民”的念头，汉武帝时期，屡有战功的将军杨仆请求皇帝把三百里外，位于河南灵宝县的秦函谷关迁到了这里，称为汉函谷关。从此，洛阳多了一处雄伟关隘，也让今天探寻“丝绸之路”的人们，找到了一个关键的地标。

严辉(洛阳市第二文物工作队研究室主任)：汉代的商旅从函谷关出发走向西域，东汉政府在这里驻军，对这里进行了有效的管辖。我国著名的历史人物班超，就从汉魏洛阳城出发，经这里走向西域。

经过汉函谷关后，丝路商队到达最近的一个大城市就是今天的西安。作为汉唐年间的东、西两京，洛阳和西安这两个城市当年交往频繁。只是在今天，我们还能找到千百年前车水马龙留下的痕迹吗？

为了配合“丝绸之路”申报世界遗产，洛阳文物队的考古队员寻找着当年“丝路”留下的痕迹。西距洛阳城 60 多千米的洛宁县程村，就是这次探寻的地点。在程村，至今还保留着许多清代建筑，虽然现在这里显得十分安宁，但在村里老人的故事中，直到 100 年前，程村还经常有驼队经过。

根据史料记载，程村是 1 000 多年前“丝路”经过的村庄。可是在今天的环境下，当年的路到底在哪里呢？

铁细腰是唐代常用的匠作材料和工艺，在两块石料间凿孔，灌入铁水，冷却后凝成的铁块就会把石料牢牢固定。因此程村的这座石桥应该建于唐朝年间，闻讯赶来的村民又指出了古道的方向。

洛阳洛宁县成村村民：这条路是一条老路，走到洛宁。往北面走到渑池，还有观音堂，东边到韩城。过去这里旧的房子，是一个马场，外边

…古代关口遗址

的人来，赶着那大马车，就在这边停着。

按照村民的指引，钻探地点让人充满期待。直到地表以下 1.6 米，洛阳铲挖出的夯土还是路土，眼前这条路的历史就这样被定格在 1 000 多年前，程村这条不起眼的小路的走向，就是当年丝绸之路的方向。

与此同时，西距程村 60 千米的地方，三门峡市文物队正在工作，他们同样在寻找 “丝路” 的遗迹。

在考古队员面前的山坡上，一段段车辙印、一个个牲口蹄印已经显露出来。千百年来，这段上坡的山路上，满载的商队缓步前行。牲口的嘶鸣声、车轴的嘎吱声、赶车人的吆喝声不绝于耳。年复一年，日复一日的来来往往，坚硬的岩石也经受不住这样频繁密集的碾压，痕迹就这样留存下来，诉说着这条道路当年的艰辛与繁华。

沿着车辙印的走势，山脚下，一个村庄显现出来。村名 “石壕” 从古时延用至今。在这里，唐代著名大诗人杜甫留下了千古名篇《石壕吏》。车辙印和石壕村都指向了一个方向，一个地名，那里就是 “观音堂”。

西出函谷关后，通往西安的共有三条道路，一条是黄河水道、一条

…驼队

…驼铃

是官道、一条是崎岖山路，水路艰难，官道遥远，山路艰辛。当年“丝路”上的商队会选择合适的路线，当他们来到观音堂后，陆路上的线路合为一体，由此可以一直到达西安。

之后，商队一路向西，穿越戈壁和大漠，经过中亚和西亚，走向罗马。

在地图上可以看到，作为丝绸之路的起点和终点，相距 7 000 多千米的洛阳和罗马就这样联系在了一起。丝绸之路经过的地域上，遍布着众多小国，其中就包括位于中亚的安国。

除了安国，康国、石国等丝路沿线国家的商人也纷纷来到中原，由于这些国家的国王均以昭武为姓。这些商人又被统称为“昭武九姓胡人”。

今天，在洛阳市古代艺术博物馆还收藏着属于“昭武九姓”的墓志铭。来自康国的康敬本就是其中的一位。

毕莹（洛阳千唐志斋博物馆接待部主任）：西域人实际上跟中国的交往和交流从很早就开始了，他们世代经商，所以也成了丝绸之路上我们交往交流的一个非常重要的部分。而这个墓志铭中，我们看到康敬本，他最后在唐代的时候病死，并且葬在了洛阳。

《旧唐书 · 西戎传》这样描述了善于经商的“昭武九姓胡人”：“男子年二十，即远之傍国，来适中夏，利之所在，无所不到。”这里把“昭武九姓”特别擅长经商，并且为了财富而不辞劳苦，甚至远走他乡的特点刻画得非常鲜明。在洛阳出土的大量波斯银币以及安菩墓中的罗马金币，就是“昭武九姓胡人”经商获利的最好证明。

…沙漠驼队

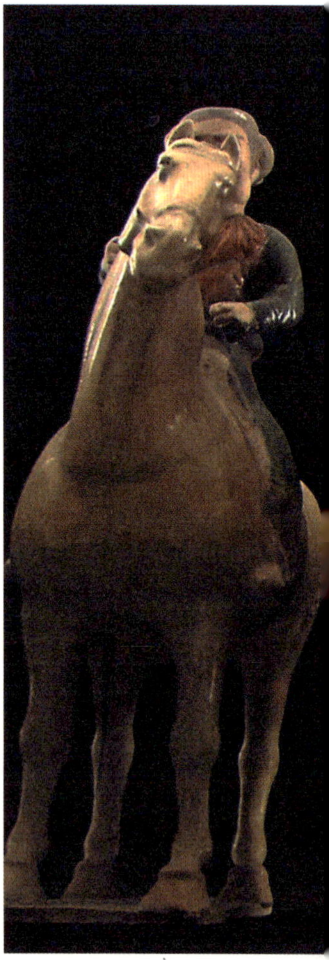

来自安国的安菩就属于“昭武九姓”之一的“安姓”。除了他手握的罗马金币，安菩墓还出土了目前洛阳体形最大、最精美的唐三彩。

程永健(洛阳市文物工作队副队长)：它的整体造型非常的优美，釉色非常的鲜艳，是洛阳建国以来出土唐三彩最精美的一批。

今天，唐三彩已是中国最著名的工艺品之一。三彩马和三彩骆驼更成为了中国外交部礼宾司采购的国礼。这种介乎于陶器和瓷器之间，利用高温釉变产生色彩的工艺品，散发着一种独特的魅力。

今天的唐三彩工艺来自于100年前修建陇海铁路的契机，由于铁路经过邙山，许多墓葬被挖掘，一批深埋地下的唐代彩色俑得以面世。最初，人们不知这种文物有何价值，专家验证后，将这种主要有三色的唐俑命名为“唐三彩”。

“唐三彩”一经面世，就受到了市场的追捧，身价一涨再涨。由于数量有限，邙山上的南石山村村民开始修复、仿制唐三彩。经过一次次实验，人们逐渐窥探到了大唐盛世的工艺奥秘，这种失传已久的工艺得以重现。

在唐代，唐三彩除了通过丝绸之路出口外，还被大量用于墓葬。无论是人物、动物、神怪还是瑞兽，唐三彩都不仅仅是一个器物造型，它更寄托了墓主人的一份情怀。

蔡运章（中国先秦史学会副会长）：通过陪葬品可以看到这个墓主人生前的社会活动，以及地位。

除了安菩墓，洛阳各种唐代墓葬中都出土了大量三彩，在各种三彩造型中，骆驼俑和胡人俑的大量出现，证明了骆驼和胡人在当时的社会

…唐三彩

…彩绘镇墓兽

…唐三彩

…唐三彩工艺

生活中随处可见。实际上，在唐代，经商的“昭武九姓胡人”常被称为“兴生胡”或简称“兴胡”，他们是那个年代中国社会高度国际化的缩影，而成就这一盛景的，正是那条闻名中外的“丝绸之路”。

参观“唐三彩”制作工艺，如今已是洛阳旅游的重要组成部分。这种积淀着千年历史的工艺，使一些兴趣盎然的欧洲游客，直观体会到了“丝绸之路”这一存在于历史中的概念。

意大利游客：我认为，洛阳是丝绸之路的起点。丝绸之路连接了洛阳和意大利，他们运送丝绸到意大利，也把意大利的货物运到这里，这就是丝绸之路的连接作用。

穿越千年时空，这样的场景仿佛让人梦回唐朝。那时候，也许在一个热闹的集市里，或者在一处“唐三彩”的作坊边，也有着这样来自远方的客人。

从东汉、北魏开始，洛阳已经成为国际大都市，往来的各国客商甚至在洛阳都有自己的定居之所。这些特殊的居住场所，到了隋唐时期则分别被称为“四方馆”和“来庭县”。定居其中的人有自己特有的文化，也有与周边相容的交际和生活。

…西域人

根据史料记载，在隋代，洛阳城的南市还曾举办过一次由隋炀帝亲自主持的盛大的招商引资活动。

蔡运章（中国先秦文化史学会副会长）：隋炀帝时期，元宵节期间，他把洛阳城（的树）用红绸子围起来，还请当时的外国商人，就是胡商，在南市市场上免费吃饭。

在历史的记忆中，往来的商队、形形色色的外国人和洛阳人就这样一起组成了王朝盛世的世俗生活。

“丝绸之路”将东方文明和西方文明联系在了一起。驼铃声声中，东西方文化也伴随着贸易的往来得到了交融。

今天，许多考古发现都让我们看到了文化融合的痕迹。

基督教在唐代被称为景教，在洛阳出土的一个六边形的石柱就记录了唐代一个景教家庭的生活场景。这个叫做“大秦景教石经幢”的石柱，生动地反映了基督教教义融合中国文化后的表达方式，也见证了基督教传入中国的历程。

作为“丝绸之路”的起点，在汉唐时期，沿着丝绸之路来到洛阳的外国客商和货物，也使得这座城市成为了向中国传播西方文明的重要起点。

虽然，现在洛阳的年平均温度要比 1 000 年前低了近 5 度，但周胜利和村民们收获的蚕茧，仍然保留着汉唐时饱

满、出丝率高的特点。

洛阳的蚕茧销往江南后将制成丝绸出口国外。这样,汉唐年间“丝绸之路”上最具代表性的两种商品:丝绸和三彩又以洛阳为起点走向了世界。

千百年时光流转,黄河与洛河之间的这片土地,早已变化了容颜。没有了驮马古道的蜿蜒,也淡去了洛河两岸的船帆桨影。然而,那条千年“丝路”,却成为洛阳城永远镌刻的标记。

…俯瞰洛阳

四 白马东渐

凌晨三点半，清脆的打板声在长廊上响起，唤醒了白马寺的僧人和这座千年古刹。

监院恒乾每天都要在这时候穿好袈裟，戴上佛珠。作为监院，他必须准时到达早课的大殿，带领众僧开始早课仪式。这既是佛教仪规，也是寺院每一位僧人的必修课。

早课是寺院一天中最重要的开始，也是这里千年不变的寺规。当晨曦渐次勾勒出寺院的轮廓，僧人们便在鼓乐的引导下，向大佛殿聚集。

四点整，白马寺全体僧人齐集大佛殿，在监院恒乾的操引下，开始了

…佛教石窟演变

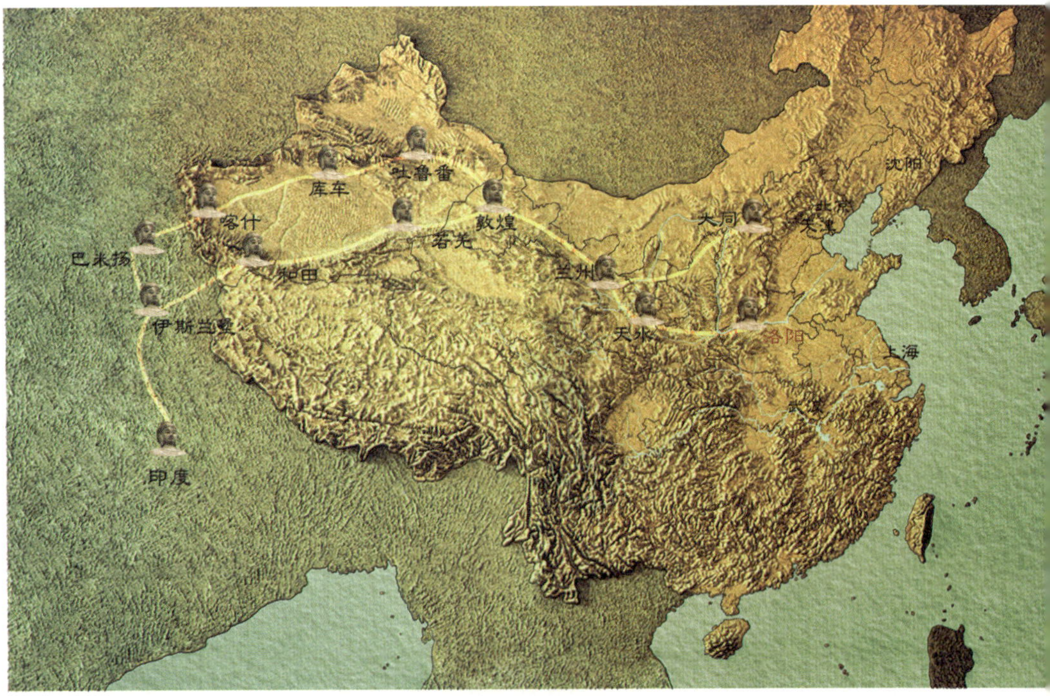

…白马寺俯瞰图

历时 90 分钟的早课。

早课仪式的内容也是自这座寺院建立起就固定下来的，僧人们每天都要口颂《大悲咒》、《十小咒》、《心经》等佛经，在钟鼓齐鸣之中，富有韵律的诵经声，似乎表示着一天旺盛的开始。

…寺院方丈

随着木鱼阵阵，佛乐飘飘，朗朗的诵经声伴随着黎明的到来，回响在白马寺的上空。

上午，寺院的西侧充满喧嚣，一些来自印度的工匠正在施工，他们要在白马寺修建一座印度佛殿。

这座佛殿的修建源于中印两国总理达成的协议，而佛殿的形式和规模完全按照印度的世界文化

…白马寺早课仪式

…明代白马寺

…印度佛像

遗产“桑奇大塔”仿建。据历史记载，佛教自印度传入中国，一个重要的出发地就是印度桑奇村。

修建这座圆形佛殿的石料全部从印度运来，这些来自印度且雕刻了图案的石料，最后拼在一起，显示的就是一幕幕佛传故事。

从印度桑奇村到洛阳白马寺，历史似乎早已注定它们之间特殊的关联。

公元 65 年，在西域的戈壁大漠中，一支中原商队模样的队伍急急前行。他们肩负着当时东汉朝廷访求佛法的重要使命。

印乐（白马寺方丈）：汉明帝刘庄做皇帝的时候夜梦金人，早朝问大臣是何意？大臣说西域的僧人会法音，会传到我们东土，可能陛下所梦与此有关。

汉明帝刘庄这次派往西域的使者蔡愔、秦景等十八人。他们在西域大月氏国也就是今天的阿富汗一带遇到了正在讲经说法的印度僧人摄摩腾和竺法兰二人。蔡愔请他们到中原地区弘扬佛法，摄摩腾和竺法兰两人接受了邀请。汉明帝见到两位高僧后，发现与梦中所见吻合，极为高兴，重礼相待，并将他们安置在当时负责外交事务的官署——鸿胪寺。

摄摩腾和竺法兰一路东来之时，随行有两匹白马。白马驮着佛经、佛像等法物。到达洛阳后，白马气竭而亡。二僧来到洛阳的第二年，汉明帝便以白马为名，完全依照天竺的样式，建造了一处佛教场所。

因为二僧初来洛阳时居住在鸿胪寺中，于是取鸿胪寺的“寺”代表尊贵，由此，中国有了寺庙这种建筑，而洛阳白马寺也成了中国第一所官办的寺庙。

从白马寺开始，后来的佛教僧院场所便泛称为寺，白马寺也因此被认为是中国佛教的发源地。被尊为“祖庭”和“释源”。

佛教传入中国后，从官方很快流传到了民间，到了南北朝时期，中国北方战火不断，为佛教传播提供了社会条件，也使佛教走上了本土化的历程。

由于文化背景、生活条件和印度不

…白马寺

…再现古代战火

同，中国僧人的服装和中原汉族人的衣服在样式和色彩上开始接近。由于白马寺是官办寺院，因此，这里的僧人无论何时都能身穿黄色僧衣，而且白马寺僧人们平时讲经、说法、修行的场所也和皇家息息相关。

白马寺最后一进建筑位于一座高台之上，这里叫“清凉台”，原是汉明帝刘庄作太子时读书的场所。为了表示对摄摩腾和竺法兰两人的礼遇，汉明帝就将清凉台送给了他们，并以此为基础建造了白马寺，而清凉台就从此变成了白马寺的最后一进大殿——“毗卢阁”。

到达洛阳的摄摩腾和竺法兰逐渐熟悉汉语之后，就在清凉台把带来的佛经翻译成中文，但流传至今的只有一部《四十二章经》。全篇 2 000 多字的《四十二章经》，文字简短却意义深远，是中国佛经的基础。从此，佛教在洛阳开始进入官方管理，皈依佛门的汉家弟子逐渐多了起来，并出现了不少高僧，更多的佛经陆续被翻译为中文。后来，唐代玄奘大师等人再往印度取经，最终形成了今天中国的佛教典籍。

白马寺的大门叫做“三重门”，象征“三解脱门”，即“空门”、“无相

…白马寺方丈

…寺院僧人

…清凉台

门”、“无作门”。“三重门”只为皇帝等重要人物的来到或重大日子打开。平日里，边上两门男走左，女走右。因为白马寺是皇家官办，因此才有了这样形制。今天，在白马寺的“三重门”上，还留有当年工匠刻下的名字，他们是最早见证寺院“三重门”的人。

…清凉台

印乐(白马寺方丈)：在印度是应当以佛塔为中心，围绕着塔，一圈住着人。到中国呢，大家现在看到的寺庙像白马寺，就像皇宫一样，一层一层的进去。有山门，天王殿，汉族地区的寺庙都是以中轴线为轴，左右有对称的厢房。

…白马寺

白马寺主要建筑坐落在一条南北向的中轴线上。园内古树成

…白马寺香火

…白马寺石狮

…白马寺门口

荫，四时落英缤纷，一派佛国净土的清净气氛。

白马寺的鼎盛时期出现在唐朝。据说，在武则天执政时期，白马寺僧人有 3 000 余众，山门几乎抵达洛河北岸，另一头则靠着邙山。因为离山门太遥远，所以到了晚上，僧人必须骑马去关闭山门，这就是所谓的“跑马关山门”。

佛教在传入中国后的第一个兴盛时期是南北朝。那时距离佛教来到洛阳已经差不多 400 年了。据记载，当时在北魏洛阳城里，最多时就有 1 367 座寺院。

地处天下之中的洛阳，自古就是兵家必争之地，白马寺也在毁灭和重建之间轮回。不过，由于其独特的地位，每次毁于战火后，白马寺都会由洛阳城的新主人重建起来。在那个成王败寇的铁血时代，佛门既是战火频仍的受害者，也成为不少人黄袍加身的护身符。

今天，当我们走进白马寺山门时，首先就会看到东边有一块斑驳的断碑，这块叫做《洛京白马寺祖庭记》的石碑，是为记录元世祖忽必烈两次下诏修建白马寺而立的。由当时白马寺高僧文才和尚撰写，著名书法家赵孟頫刻碑，人称“赵碑”。这块石碑同时记录了汉明帝派遣使者西域求佛的故事，也记录

…白马寺鼓楼

…寺钟

…白马寺钟楼

了白马寺屡次兴废的经历。

白马寺中有一座铸造于1555年明嘉靖时期的大钟。每天清晨，寺僧焚香诵经，撞钟报时，洛阳城内的钟声也跟着响起来，因此，“白马钟声”被称为古代洛阳八景之一。此钟重达1500千克，刻有“风调雨顺，国泰民安”等字。同时，在大钟上还刻有东厂、总督等铭文内容。这些文字都指向了一个名字——黄锦。

史书记载，明代重新整修白马寺应该是在1551年就开始了，1555年和1556年是工程的最后时期，主持这次大规模整修的就是嘉靖朝掌印司礼监兼总督东厂的太监黄锦。为了纪念这次重修工作，黄锦铸造了这口大钟。

明朝整修白马寺后，寺内的主要建筑都分布在南北向的中轴线上。从山门方向往里走，先后坐落着五重大殿，依次为天王殿、大佛殿、大雄殿、接引殿、毗卢阁。从前到后，各殿的建筑依自然地势渐次升高，主要建筑层次分明。

中轴线两侧为附属建筑，左右对称。整个建筑群结构严谨，布局合理，充分体现出中国古典建筑的风格。今天我们看到的白马寺，基本就

…天王殿

…弥勒佛

是明代黄锦主持整修的规模。

历史风雨中，白马寺数毁数建，但寺址从未变过。无论战火征伐的时期还是安定平和的日子，白马寺的香火已经延续千百年。这里已经成为人们寻求心灵慰藉的场所。

…弥勒佛神龛

进入白马寺，第一座大殿就是天王殿。在中国的寺庙中，四大天王手中分别持剑、琵琶、伞、蛇等物，这是根据中国文化中象征风、调、雨、顺而设计的。四大天王甲胄满身，雄健威武，体现了中国传统文化对英雄崇拜的心理期盼。

…四大天王

天王殿中央佛龛内是明代塑

…大佛殿

…大佛殿菩萨

…大佛殿武士

造的弥勒佛笑像。在中国的汉传佛教寺院中，第一座大殿通常都供奉弥勒佛。人们进入佛寺中，首先看到这一乐呵呵的形象，会对佛门产生一种亲切感。这是佛教中国化的一个缩影。

印乐(白马寺方丈)：天王殿竖一尊弥勒菩萨，笑口常开，天天坐在冷山门，面对着所有来往众生。他天天笑呵呵的，这也是给众生一个欢喜，给众生以自信，给众生以快乐。

天王殿的弥勒佛像的神龛上雕刻装饰有极为精致的金龙，显示了人们对这位笑容可掬的弥勒佛的崇敬。佛教来到中国后，和中国文化相互交融，有了新的诠释，也超越了它在印度的影响和地位。

在白马寺，大佛殿的观音像也是佛教东来后和中国文化融合的典型表现。在印度佛教中，观音本是印度的王子，但在中国，观音却成了庄严慈悲的女性形象。这实际上就是中国人对母爱的温情与无私的传统文化解读。

白马寺第四进建筑叫接引殿，是白马寺五座佛殿中最小的佛殿。殿内供奉有三尊描金佛像。

位居中间的是阿弥陀佛，佛像表情仁慈宁静，庇佑尘世万物，统领西方极乐世界；左边是一手拿柳枝、一手持净瓶的观世音菩萨，面目慈善，体察众生；右边则是握摩尼宝珠的大势至菩萨，这三尊佛像均为清代泥塑。

观世音菩萨从字面解释就是“观察世间民众声音”的菩萨，当人们遇到灾难时，只要念其名号，便前往救渡，所以称观世音。唐朝时为了避唐太宗李世民的名讳而简称观音，是中国佛教信徒最崇奉的菩萨。传说每年农历九月初九是观音的出家日，这一天，白马寺会举行盛大的法会。

在观音法会的这天，一批佛教信徒将要在白马寺受戒，成为这里的俗家弟子。受戒仪式隆重而严肃，弟子们要派代表请出方丈，在仪仗队伍的带领下穿过寺院来到受戒处。最后在方丈的主持下，弟子们承诺以佛教教义来规范自己的生活，从此修行自己的肉体和精神。

…大雄殿

…大雄殿

俗话说的“清规戒律”，就是指僧人的修行无处不在，即便在吃饭时也不能松懈。寺院里供僧人吃饭的地方叫“五观堂”，意思是吃饭时，应做“五种观想”。这其中包括要以感恩之心接受食物，因为食物来之不易；要思考自己的德行是否有资格享用这顿食物；不要在饭堂起贪念；不要向往美食等等。

斋饭一般就是馒头、米饭等素食，吃饭时候不能说话，更不能喧哗，任何时候都要清净。饭后还要把碗中的汤汁喝尽，以记住佛门清苦的传统。

白马寺僧人修行和做功课最主要的地方，就是寺院第二进大殿“大佛殿”。这是寺院的中心建筑，在每天早课、晚课或者其他重要法事活动的时候，僧人都要穿过古柏苍苍、烟火缭绕的院落，虔诚地走进殿内。

大佛殿自建立之初，就一直是白马寺的重要佛殿。因其地位的特殊，也使得这里的佛事活动，都严格按照数千年前佛教传入洛阳时候的仪规进行，并吸收后来佛教鼎盛发展时期不断传播到中国的佛经教义，形成了白马寺佛教中国化最突出的文化特征。

在佛祖释迦牟尼的佛像前，白马寺历代住持方丈都要在其佛光普照的法眼下，默诵佛经，心念佛意，祈求尘世的平安，超度远去的魂灵。

似乎那远自千里的佛心禅意，就是借助这样的一种特殊仪式，流转至今。

白马寺的佛祖像中还能看出印度文化的痕迹。大佛殿供奉着佛祖释迦牟尼像，佛祖像边上是阿难和迦叶像，这里再现了当年佛祖灵山法会的情景。当时，释迦牟尼面对众弟子，闭口不说一字，只是手拈鲜花，面带微笑。众人十分茫然，只有迦叶发出了会心的微笑。释迦牟尼见此，就说："我有正眼法藏，涅槃妙心，实相无相，微妙法门，不立文字，教外别传。" 这样，迦叶就成了这 "不立文字，教外别传" 的禅宗传人。这一场景就是中国佛教禅宗常说的 "拈花微笑"。

这三尊塑像旁，是手拿经卷的文殊和手持如意的普贤两位菩萨。他们共同组成了白马寺中心大殿的佛教天地。

当阳光越过寺院的屋顶投射到院落时，透过林间氤氲雾霭，将这里的院落殿堂笼罩在一片佛国意象之中，前来朝拜的善男信女，在这光影变幻的氛围里，满怀虔诚，步入到大雄殿来。

…水陆法会

一般来说，寺庙的中心建筑都叫大雄宝殿，但是白马寺却称为大雄殿。据说，这是因为大雄殿中真的有宝，为了不让宝物外露，寺院有意去掉了大雄宝殿这个名称中的 "宝" 字，而殿内的宝物就是 23 尊特制的佛像。

…僧人

这些元代的佛像，是用一种叫 "夹纻干漆" 的工艺制成。夹纻干漆造像之法，大致是先用漆、麻、丝、绸在泥胎上层层裹裱，然后揭出泥胎，制成塑像。用这种方法制

…沿路风景

…沿路风景沙漠

作的佛像一般只有 1.5 ~ 2.5 千克重，却能长久地保持造像之初的形态和色彩。

据说，夹纻干漆的造像工艺元末明初时已经失传。在中国，此类造像目前存世的仅有 28 尊。

平日里，白马寺的僧人们都会到寺庙后面的空地上劳动。

历尽兴废的白马寺，在现在的太平盛世中也要继续发展。

在重要法事活动之前，僧人们通常要做好各种迎接的准备。

白马寺最大的法事活动就是每年举行的水陆法会。这也是中国北方每年最大的佛事活动。水陆法会又称水陆道场，是中国佛教经忏法事中最隆重的一种。据说这种法事是由梁武帝时期和大唐时期的佛教法事活动结合发展而来的。遇到这样的大法会，白马寺山门的中门也会打开，僧人们从中依次走出。

白马寺的水陆法会历时 7 天，因为是中国佛教“祖庭”，因此，每次白马寺水陆法会都有不少其他寺庙的方丈前来参与。庄严的法事也衬托出白马寺在中国佛教中独一无二的地位。

佛教从印度一路东来，以白马寺为起点，逐渐扎根中国并继续东传，在与中国传统文化的不断融合中，逐渐完成了它中国化的历程。

千百年来，每当月白风清之夜，白马寺僧人撞击大钟，远在十几千米之外的洛阳城钟楼上的大钟也会应声而鸣。

“洛阳两古钟，东西相和鸣”。似乎寂静的星空，隐去了无尽的繁华烟云。然而，即使敲打一下木鱼，好像也会惊醒门前的拴马石桩，便听得一路铿锵马蹄声，自西域千里，携汉唐气势呼啸而来。

五 根系河洛

大约从汉代开始，中国的墓葬中开始出现墓志铭。逝者在尘世间的基本信息得以真实而准确地保留了下来。

1 000 多年前，唐朝泽州刺史李鹍去世了。他的生平与政绩也以墓志铭的方式刻录在了石碑之上，不过，当时的工匠无法想象得到，这方墓碑在 1 000 年后留给人们的意义。

根在河洛石碑

…邵氏子孙祭祖

…祭祖

2008 年 9 月 21 日，经过一千多千米的奔波，一群来自江苏的客人带着常人无法想象的激情和期盼来到了洛阳。

李雪明（江苏省常州市武进湖塘镇顾方村）：我们是江苏省常州市武进湖塘镇的顾方村人，从 2003 年开始修复这套家谱，开始就把寻根问祖当成一回事。因为家谱修好了，毕竟祖宗在哪里？葬在哪里？从哪里迁徙过来，都变的清晰了，对自己，对下一代算有个交代。

车上一共有六人，全部姓李，他们来自江苏常州的同一个家族。

李雪明（江苏省常州市武进湖塘镇顾方村）：从河南洛阳迁到常州以后的第 37、38、39 三代的兄弟，都是到这儿来寻根来了？对，到这儿来寻根问祖了。

按照家乡的习俗，李雪明和族人们为先祖准备祭品。

此时，洛阳城边一个叫安乐窝村的地方也是热闹非凡。人们从四面八方来到这里，无论男女老幼，他们都有一个共同的姓氏——“邵”姓。

这是邵氏家族一年一度的祭祖活动，活动的礼仪和规制源自家族传统，千百年来没有变化。邵家祠堂最早建于北宋，祠堂内供奉着邵家先祖、北宋著名理学家邵雍。今天，邵氏子孙大多居住在安乐窝村，紧挨着祖宗的祠堂，继续着家族的故事。

我们村子 3 700 口人，光我们一家子大概有 2 000 来口人，2 000 多人吧,大概就这样。这位是我们 38 代孙,这是 39 代孙,这是 40 代孙,我们都是 40 代的。

…家谱墓志铭

参加祭祖仪式的共有七代邵家子孙,近 1 000 多名邵家后裔。

主祭者就位。

鸣呼,生居安乐,视若家承,千秋永垂,万载流芳。今生后人,敬先尊祖。承前启后,发扬遗风。

叩首,叩首。

…中华姓氏树动画示意图

今天的人们或许不了解这种仪式的起源,但他们知道,正是这种古老的仪式延续着家族的传统,而这种传统自这个家族诞生之日就已经开始了。因此,对于今人和古人而言,并没有隔距千年的时空鸿沟,因为他们有着同样的精神家园。

邵雷勤(邵雍故居主管):全国各地,包括海外的邵氏都到安乐窝祭祖,到这里祭祖。为啥全国各地都到咱这祭祖?因为他们根在洛阳,他们的祖先在洛阳。

和一千多年前一样,李家兄弟的祭文没有任何变化。由李家先祖撰

…姓氏牌位

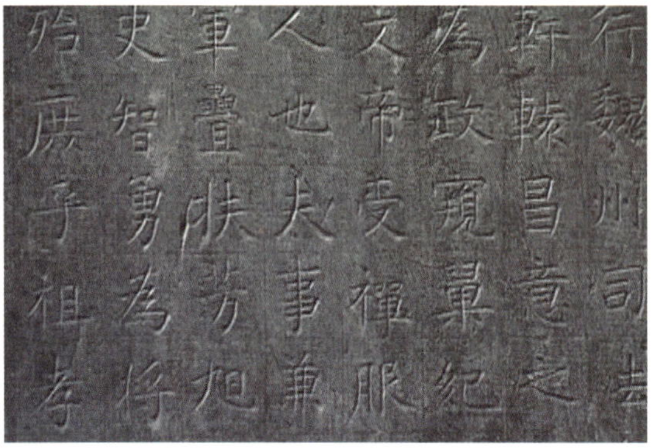

…墓志铭

…再现古人凿刻族谱碑

写的祭文，成为一种固定的格式，通过家谱代代相传。

今天的李家家谱刚刚重新修撰完成，包含了从唐代以来老家谱的内容。更重要的是，这里还有家族最新增加的成员。

在洛阳文化专家赵根喜的办公室里，李家兄弟看到了祖先李鷁墓志铭的拓片。

“唐故中大夫，泽州刺史，赠光禄卿，工部尚书，太子少傅，李府君墓志铭并序。”这就是李鷁的墓志铭。

墓志铭跟我们的老的家谱也是一模一样。

…千唐志斋门口

…千唐志斋

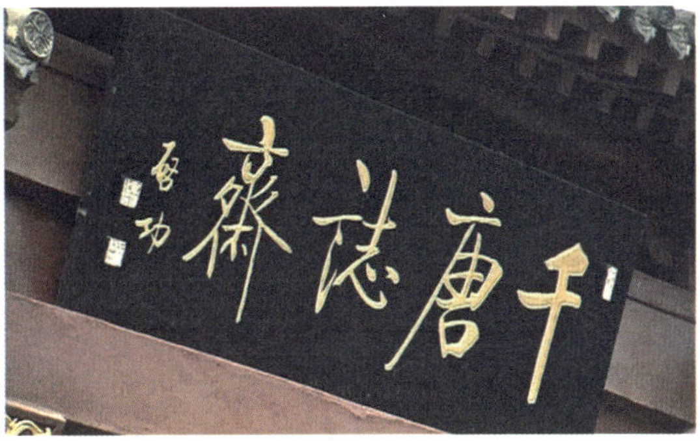

在李家后人修撰家谱的过程中，李鷁墓志铭补充了家族延续中重要的历史信息，让这份李氏家谱成为中国最完整的家谱之一。

赵根喜（原洛阳千唐志斋博物馆馆长）：在墓里边安睡了1 200年，现在它又穿越时光的隧道，又出现了，它给我们做了一个非常有利的佐证。所以你们现在寻根，可以说，准确无误的在这个地方找到了你们的祖上，这就是我们的根。

李鷁墓志铭收藏在千唐志斋博物馆，这里收藏的大量墓志铭被拓印出版，在这些出版物上，李鷁的后人找到了自己祖先的信息。

千唐志斋位于新安县铁门镇，是中国唯一的墓志铭博物馆，也是中国收藏墓志铭最多的地方。20世纪20年代开始，张钫先生在居所营建了自己的私人花园，并把洛阳一带大量的墓志铭收藏于园中。经过不断补充，千唐志斋已经藏有汉代以来的各种墓志铭2 000多方，其中以唐代为最多。在这一方方墓志铭间，我们可以看到一个家族的传承，还有一个王朝的背影。

墓志铭中保存的信息,也成了现在的人们寻找家承关系的线索,经常会有人到千唐志斋考据家族谱系。现在,李春光面对的就是自己祖先的墓志铭。

元朝李恒为元太祖总管,他属于党项族,就是我们是西夏国王的后代,第七代的国王叫李安全,李安全的后裔。

墓志铭原来埋藏于祖坟之中,被发现后,由李春光捐给了千唐志斋博物馆。来自祖先的信息告诉了李春光一个他从不知道的家族秘密:祖居洛阳新安的李氏家族竟然是西夏王族的后裔,目前李村乡十甲里村2 000多村民,几乎所有的人都是李姓。

发现祖先墓志铭之前,十里甲村村民一直认为自己是汉族。如今西夏党项族皇室后裔的血统让他们倍感自豪。党项族的李姓源自少数民族改姓,那是古代中国的民族融合时期在文化上得到认同的一个重要标志。

位于洛阳市北的邙山上,安葬着北魏孝文帝拓跋宏,中国历史上最著名的改姓事件就由他而起。公元497年,在迁都洛阳三年后,孝文帝开始了这一巨大工程。

马金波(洛阳市千唐志斋博物馆办公室副主任):这有一方墓志呢,也很有意思,它充分地说明了在孝文帝迁都洛阳之后,改为汉姓的事。

…北魏孝文帝墓

…客家人故乡

墓志的主人叫元氏，他随孝文帝从沙漠迁至平城，最后呢，孝文帝在洛阳定都，改为汉姓，元氏。

虽然身为鲜卑族人，但孝文帝拓跋宏崇尚汉文化。在统一中国北方，定都洛阳后，孝文帝把 117 个鲜卑族复姓改为汉姓。这次改姓让许多鲜卑族人，包括孝文帝本人，从此成为了洛阳人。

几乎每个月，廖德鸿都会来一次洛阳。

廖德鸿是来自台湾的客家人，每次到洛阳，他都喜欢用客家话和当地人交流。如今的洛阳，大多数人已无法听懂这种语言。不过，廖德鸿还是在这条洛阳最古老的街道上，继续尝试用客家话和人们交流。因为在他看来，客家话才是最正宗的洛阳话。

廖德鸿的认知源于客家人的历史。客家人是汉族在世界上分布最广的族群之一，在国内主要聚居在广东、福建、海南等省以及台湾、香港等地区。客家人又被称为“河洛郎”，主要由中原河洛一带的汉人大量南迁而形成的。因为远来是客，也就被称为客家人。

中国历史上客家人形成的第一次高峰是在两晋南北朝时期，当北魏孝文帝统一北方后，在战火中被毁灭了家园的中原百姓开始南迁。这是中国历史上第一次人口大迁徙，时间持续了 100 多年。

中原的汉人把先进的文化和生产技术带到了南方，结合那里的气候地理环境，形成了独有的生活方式和文化符号。但是，尽管离乡背井，这些远迁的人们还是无法忘记家乡，无法忘记他们根在河洛。

在洛阳的关林，廖德鸿种下了许多小树，他要让这些树在这片土地上慢慢长大。

廖德鸿（台湾圣盟堂常任关林大法师）：我帮我的子孙，帮我的儿子，我太太，我妈妈，每人种一棵树，我带他来这边，我说带你到这边来，认养一棵树，这样呢，我们精神就永远跟中原在一起。

洛阳王城公园的西门内，有一块客家人立下的石碑。石碑上刻的只

…关林石狮甬道

…洛阳关林

有简单的四个字“根在河洛”，却是每一个客家人内心深处永远无法抹去的印记。

廖德鸿（台湾圣盟堂常任关林大法师）：我们是河洛人，从这边出去的，将来我们落地生根也应该回到我们的地方来。我说，等我死了，我的寿材，跟骨头归附洛阳，来到关林，葬在这边，把我埋在这边逐鹿中原，战乱不断的河洛一带人来人往。从唐末到元初，以这里为中心，中国历史上还发生过两次大的人口迁徙。离开的人心系故土，来到的人融入这里的生活。越来越多的人对洛阳这座城市有了这样或那样的牵挂。

蔡运章（中国先秦史学会副会长）：古代洛阳的居民不断地南下，不断地北来。这样洛阳就成为中华民族集散融合的中心。

公元 1368 年，朱元璋建立大明王朝。他的眼前是一个历尽连年战乱，满目疮痍的庞大帝国。为了恢复经济，大明王朝以人口稠密的山西为起点，将那里的人迁往饱受战乱的地区发展生产。洛阳，就是其中的主要目的地之一。

洛阳辛店镇徐家营村村民崔聚成已经年过半百，他的祖上是来自山西的移民。如今，崔聚成的爱好是收集各种姓氏家谱。

崔聚成（洛阳辛店镇徐家营村村民）：这都是老家谱，复印下来的。新家谱给你，老家谱都不给你了，比较珍贵一点的就复印一套。

崔聚成最早接触姓氏家谱源于他想了解自己的家承身世。最终，他被姓氏家谱的独特魅力吸引住了。

崔聚成（洛阳辛店镇徐家营村村民）：这里还有好多呢，这是我的一部分。这边全部是家谱，总共收集有 200 多种了。这里是一部分，其他屋里还有一部分。

200 多本家谱记录了近 200 多个姓氏的传承演变，几乎每一个姓氏都能追溯到那混沌初开、神秘莫测的上古时代。随着崔聚成不断深入了解，最后他发现，这种姓氏所集聚的文化底蕴在中国只有洛阳最为丰厚。

据统计，当代中国最新的前 100 个人口大姓中，有 78 个直接起源于河洛地区；人口最多的 300 大姓中，源于河洛地区的有 171 个姓；目前中国仍在使用的姓氏有 10 000 多个，在洛阳就能找到近 1 300 个。在这片土地上，为何会产生如此多的姓氏呢？

位于洛阳老城西关的周公庙，相传是由隋代末年王世充为奉祀周公姬旦而建，亦称元圣庙。在周公庙“定鼎堂”前，一块刻着“追本溯源、根在河洛”的石碑传递着姓氏发源、演变的信息。相传黄帝轩辕氏因为诞生在“姬水”岸边而得“姬”姓，这也是周公姬姓的由来。时至今日，周公后裔已将姬姓已经演变出 98 个姓氏。

…王城公园门口石碑

千唐志斋保留的墓志铭中，许多人的姓氏都追溯到了炎帝、黄帝。炎帝姓姜，黄帝姓姬，这也许就是中华民族姓氏的源头。

炎黄二帝主要生活在河洛一带，繁衍出今天的炎黄子孙。众多

…范氏宗庙

的姓氏也因为这两位先祖，和河洛地区有了密切的关联。

…再现明代战争动画

蔡运章（中国先秦文化史学会副会长）：通过周初的大分封，姓氏逐渐形成，原来姬姓、姜姓两大姓就这样繁衍开来，越来越多，分布到全国各地。因此，我们可以说，以洛阳为中心的河洛地区，应该是我们华夏姓氏的一个重要的发祥地。

…朱元璋

姬姓和姜姓之后，因为封地得姓、因为官名得姓、因为职业得姓，越来越多的姓氏就这样产生了。中国传统文化中，孩子的姓氏来自父亲，遗传学理论指出，男性的“Y”染色体会一直在子孙后代身上遗传下去，一个姓氏就包含着一位先祖的染色体基因。当这么多姓氏的发源都指向河洛地区时，在华夏民族这个范围来讲，应该说有相当一部分人承载着河洛先祖的基因遗

…范文正公祠

传，联系着河洛文明的血脉。

在洛阳万安山脚下的徐营村，范章打开了他珍藏的范氏家谱。徐营村居住的 2 000 多名村民大多姓范，他们是北宋大文豪范仲淹的后代。徐营村范氏先祖在明代初年从江苏苏州迁移到了这里，从此世世代代居住下来，成了洛阳人。

赵根喜（原洛阳千唐志斋博物馆馆长）：范文正公的后裔中，在世年龄最大的是 27 世，最小的是 35 世。这个大家族在徐营村是九世同堂，全国范围内是十世同堂。

紧挨着徐营村，范仲淹的塑像高高伫立，身后就是范氏宗庙。这是所有范姓后裔拜敬祖宗的地方。宗庙里的纪念碑记录了这个家族姓氏的古往今来。

范章（洛阳市范仲淹思想文化研究会秘书长）：这近处来的人都到家去拜，远处来的都到祠堂去，给老人拜拜年，这一方面是家族对先人思想的信仰，另一方面就是一种凝聚力。

范氏宗庙重修于明代，当时明太祖朱元璋景仰范仲淹的声名，看到位于洛阳万安山下的范仲淹墓地战乱失修，于是征召范仲淹后人从苏州来到洛阳修庙守墓。守墓人居住

在万安山脚下的徐营村，也就有了今天聚族而居的范家后裔。

直到现在，来来往往的故事还在发生。在洛阳市公安局户籍处，20世纪50年代初期洛阳的老户籍档案记录了那时的往事。1949年新中国刚成立时，世世代代居住在此地的洛阳人只有5万多人。“一五”期间，在洛阳工业建设的大背景下，全国各地的移民陆续来到这里。他们在这片土地上生根落户，成为了洛阳人。

今天，洛阳城区已有140万人口。无论来到还是离去，这些人和这座城市都有了千丝万缕的联系，在这座看尽千古兴废事的洛阳城里，写下了属于自己的故事和传奇。

万安山，是洛阳除了邙山以外另一处大型陵墓区，也是李雪明六兄

…洛阳市

…黄河、洛河、伊河关系图

…洛阳人员档案

弟在洛阳寻根问祖的目的地。先祖李鷁安葬的具体地点，如今已经无法探寻，能够确认的只是大致的方位。

面对着万安山，李家兄弟按照家传仪式搭起了祭台。

李雪明(江苏省常州市武进湖塘镇顾方村)：我们这6个人一行到河南洛阳，代表了在常州地区，现在生活的李氏子孙近20万人。

从公元884年开始，来到江苏常州的李家先祖代代相传，繁衍至今已有20万人。今天，安葬在万安山的李家祖先，也见证了这个家族的生生不息。

历经1 000多年，相隔1 000多千米，20多万李鷁后人，无论身在常州还是其他地方，他们最根本的牵挂就在洛阳万安山脚下的这片土地之中。

2008年9月29日，每年的这个日子，洛阳的关林都要举行祭祀武圣关羽的大典，廖德鸿就是关林大典的主祭师。廖德鸿的礼仪动作虔诚而又饱

…洛阳市民

…河洛村民

…洛河

含着情感,这是客家人对自己家乡的解读和尊重。

自 1994 年至今,关林国际朝圣大典已成功举办了 10 多届。大典仪式按照古代朝圣祭祀活动进行,再现了昔日皇帝遣官致祭关林的场景。

每年这个时候,来自世界各地的华夏儿女聚集在洛阳关林,除了拜祭关公,他们也是以这样的方式寻根问祖,因为根系河洛是这些人共同的情感。

张世良(海峡两岸合作发展基金会董事长):中国人是从这个地方往外延伸的,为什么叫做河洛人呢?台湾郎就是河洛郎,河洛郎并不是古老的,他是河洛人。

无论流向哪里,水都有自己的源头。无论走到哪里,人都有自己的根。5 000 年前,当河洛这片土地被文明的曙光唤醒后,姓氏,就成为先祖们赐予子孙的永不遗失的密码,更成为维系每一个家族血脉根源的纽带。

六

山水龙门

1997年，香港的一次拍卖会上，一个石刻佛头像受到了大家的关注。在精品汇聚的拍卖会上，这个佛头像最终以高价成交。佛头像来自洛阳的龙门石窟，具体应该在哪尊佛像身上，已经无从可考。

然而，在龙门石窟，破坏严重的重点窟龛96个，已发现被盗的佛及菩萨主像260尊；毁坏其他各类像1 060多尊，礼佛供养人浮雕16幅，碑刻题记15块等。这是个大体情况，至于详情，也许永远是个疑案了。

…龙门石窟全景

…被破坏的莲花洞

…被破坏的莲花洞主像

莲花洞是龙门石窟破坏较严重的洞窟之一，莲花洞因窟顶雕有一朵高浮雕的大莲花而得名。整个洞窟，无论是地面还是窟顶，许多精美的的造像都受到了破坏。

莲花洞正壁主佛高 6 米，是佛祖释迦牟尼外出讲经说法时的形象。从风化剥蚀的佛像往上看去，左手已经受损，更为严重的是佛像的整个头部已被盗走，看上去犹如遭受酷刑一般，十分难受。

它的完整形象只有在 20 世纪初的老照片上才能看到。这个被盗走的头后来流失到了国外，现在不知流落在哪里。

主尊左侧的胁侍菩萨迦叶，本来是一个手持锡杖，类似一个西域苦行僧的形象，但现在，迦叶像的头部也被整个凿去，完整的形象也只能在老照片中看到。这个眼窝深陷，鼻梁高耸的造像，目前收藏在法国集美博物馆里。

20 世纪二三十年代，是龙门石窟被破坏最严重的时期，国外的文物贩子和中国本地人相互勾结，导致了石窟的浩劫。今天，在许多国外博物馆中，我们还能看到龙门石窟被盗走的佛头、佛教造像，然而，更多失去的佛头、佛像等文物，至今仍被收藏在无人知道的地方。只是偶尔在博物馆陈列台上浮现出来的龙门佛教造像，会引起一片

…莲花洞主像资料图

…龙门石窟佛龛

…龙门石窟考古

惊呼。那种精湛技艺所造化的庄严、凝定，弥散着另一种意趣的安详与智慧。似乎隐隐暗示人们，什么是东方雕塑、什么是东方雕塑的顶峰。

路伟几乎每天都会出现在龙门石窟的佛龛洞窟中。因为所学专业就是考古学，路伟来到龙门石窟后，就与这里结下了不解之缘。在中国，除云冈的昙曜五窟等皇家造像外，由皇家直接开凿的石窟几乎全都集中在龙门。作为北魏、唐代皇家及贵族发愿造像最集中的地方，龙门石窟体现出浓厚的国家宗教色彩。如今，龙门石窟研究院正在和北京大学合作，对龙门石窟东山的擂鼓台洞窟开展考古报告项目，这是龙门石窟研究院多项基础性重大科研项目之一。

实际上，对龙门石窟的研究几乎从来就没有停止过。然而，人们对它研究越深，就发现自己所知越少。这是一个巨大、又不知底细的人造奇迹。

在洛阳邙山，北魏孝文帝的陵墓长陵和妻子的陵墓相对而立，距离这里 5 千米，就是孝文帝的儿子、北魏宣武帝的陵墓景陵。

洛阳以景陵为基础，在这里建造了古代艺术博物馆，原样复原了 23 座西汉到北宋的古墓。

景陵是洛阳一带唯一被打开的皇帝陵寝，由于屡遭盗挖，墓室中几乎没留下陪葬器物。和后世的帝王皇陵比较，景陵相对简朴，但正是宣武帝和他的父亲孝文帝，一起开创了龙门石窟这一佛教文化奇迹。

公元 494 年，龙门山上响起了叮叮当当的声音，无数工匠开始雕琢龙门石窟。这些工匠隶属国家政府下设的石窟丞，作为特殊工种，他们一般都是子承父业。因为皇家世代开凿石窟，他们就必须世代为皇家服务。后来历经东西魏、北齐、北周，到隋唐、北宋等朝代，凿石的声音就这样延续了 400 余年之久，才有了今天龙门的模样。

北魏孝文帝拓跋宏在公元 494 年把他的都城从山西平城(就是今天的大同)迁到了洛阳，在继承他父亲王位的同时，也继承了对佛教的崇

…北魏宣武帝陵墓景陵

拜。当他看见洛阳城南12千米处伊水两岸的崖壁时，刻石造像的念头立刻产生了。虽然龙门属石灰岩，质地坚硬，不易雕像。但是，龙门石灰岩的石质却十分细腻，雕刻出来的造像更为秀美而传神。

龙门开凿的第一个石窟是古阳洞，这也是龙门石窟内容最丰富，而规模宏大的一座石窟。古阳洞位于龙门西山南段中部，是北魏孝文帝为其祖母冯太后营造的功德窟。因为，孝文帝从5岁即位，24岁才亲政，这期间一直是由祖母冯太后掌管朝政。所以，孝文帝首先要彰显祖母的功德。

古阳洞内窟顶及其余部位都布满了大小不等的各式各样的佛龛，南北两壁有计划的安排成三列大型佛龛，主像是一佛二菩萨。

…龙门石窟古阳洞

在北魏时期有一种制度，就是立太子后必须把他的母亲杀掉，避免母以子贵，干政乱权。所以，在魏孝文帝3岁被立为太子时，他的生母被赐死，孝文帝是由祖母冯太后抚养大长大的。尽管这位祖母对孝文帝十分

…古阳洞佛龛

苛刻，但是孝文帝对祖母冯太后一直非常孝顺。冯太后生前崇佛，因此，孝文帝就以给祖母刻石造像的方式，表达对祖母养育之恩的感激。

除了佛龛造像，古阳洞还留有许多造像题记，这些文字也成为魏碑书法的最佳写照。龙门的魏碑题刻有 2 800 多块，经过历朝的评选，其中选出了 20 块书法精品，称为龙门 20 品。这其中有 19 品就在古阳洞。龙门唯一的阳刻魏碑也在其中。由此，古阳洞也被誉为书法之窟。

古阳洞中，窟底平面近乎马蹄形，窟顶部都接近圆形，类乎穹隆顶。这是直接受云冈昙曜五窟影响的结果。而洞中的其他佛像、供养人和飞天像则多为秀骨清姿。佛多为褒衣博带，衣褶层叠稠密，衣裙垂敝。艺

…古阳洞佛像

…宾阳中洞

…宾阳中洞

…宾阳中洞主像释迦牟尼佛

术风格开始从云冈时期的浑厚粗犷转向优雅端庄。这种具有更鲜明民族特点和风格的中原佛教艺术，是形成中国式佛教石窟艺术过程中承前启后的重要一环。

公元 490 年，北魏冯太后去世，24 岁的孝文帝亲政。

公元 494 年，孝文帝迁都洛阳，改变了过去对中原遥控的形势，既有利于统治整个国家，也摆脱了原来鲜卑贵族保守势力对改革的干扰。

孝文帝迁都洛阳以后，开始改变鲜卑族原有的生活习俗，促进鲜卑族积极接受汉文化。

在北魏“帝后礼佛图”上，我

们可以清晰地看到北魏孝文帝和皇后礼佛的场景。场景中的帝王将相都身着汉服,行汉礼。这就是孝文帝推行汉化改革的结果。

在新都洛阳,孝文帝要求鲜卑族人穿汉服、说汉话、改汉姓、与汉人通婚。对汉文化的不断接受、融合也在龙门石窟中体现了出来。

公元 499 年,北魏孝文帝拓跋宏去世,他的儿子宣武帝即位,和他父亲一样,宣武帝也继承了龙门石窟开凿工程。当然,他的第一个心愿也是为自己的父亲孝文帝开凿一个石窟,这就是宾阳三洞之一的宾阳洞。

洞内为马蹄形平面,穹隆顶,主像释迦牟尼居中结跏趺坐,像高 6.45 米,体态平稳,肩窄脖细,面容清瘦略长,眉目疏朗,微露笑意,给人以温和可亲之感。

释迦两侧为迦叶、阿难两弟子和文殊、普贤菩萨侍立。洞内为三世佛题材,表示的是佛教的过去、现在、未来"三世佛"。

整个宾阳中洞的造像布局及装饰,既紧凑又相互联系,既陪衬又产生效应。堪称中国 6 世纪初叶佛教石窟寺庙堂样式的重要代表。

与云冈石窟相比,宾阳中洞的佛像体态、面部表情、服饰等都有了很大的不同。

云冈石窟雕像多数面相丰圆,鼻筋高隆,眉眼细长。两肩齐挺,身躯壮硕。造像粗犷、威严、雄健。佛像着偏袒右肩式袈裟。

而宾阳中洞雕像趋向活泼、清秀、温和。造像的脸部瘦长,双肩瘦削,

…龙门一角

…卢舍那大佛

…阿难和迦叶

…卢舍那佛

胸部平直。呈现一种面相清癯，褒衣博带，眉目开朗，神采飘逸的形象，追求形式严整，强调装饰化的作风。

由于北魏时期崇尚以瘦为美，所以主佛释迦牟尼面颊清瘦，脖颈细长，体态修长，衣纹密集，雕刻手法采用的是北魏的平直刀法。

另外，石窟顶部的区别也是更为明显，云冈石窟飞天设计局促，体态丰腴，色彩明快，造型夸张；而宾阳中洞的莲花宝盖穹顶形中的飞天自由，表情亲切，比例协调。它们衣带飘扬，迎风翱翔在莲花宝盖周围，姿态优美动人。

而这种变化，主要和北魏孝文帝在迁都洛阳后，实行了一系列的汉化政策密切相关，来自北方草原文化的鲜卑族人和深厚的中原文化，通过民

族融合的方式，在龙门石窟艺术中得到了一种全新的展示。

天就要亮了，可张战伟却刚刚找到感觉、进入状态。

张战伟雕刻卢舍那佛头已经到了痴迷的程度。从他被卢舍那佛的眼神深深打动那一刻起，他就发誓要在有生之年，雕塑出 100 尊卢舍那佛头。然而，6 年过去了，他只完成了 10 尊，进度如此之慢的确让张战伟自己也感到有些意外。他说，卢舍那大佛难就难在眼神上。

每当华灯初上，龙门山色在夜色里呈现出别样的景致。在灯光的勾勒下，山影，波光和灯光映衬下的石窟总是吸引众多的游人，来到卢舍那大像龛。

卢舍那大像龛佛雕众多，但人们都是为了一睹卢舍那的尊容，在前来参观卢舍那佛像的游人中，除了一些朝拜者，多数是因为被它所独有的一种魅力所吸引。

而到了白天，这里更是游人如织，熙来攘往。在这组体量巨大的佛像面前，有多少目光可以接受到这眼神传递出来的信息和力量！

微闭的双眸，穿过时空，扫描芸芸众生，把一份慈宁安详渗透到所有人的心底。

于是，它以这样的微笑，走进世界的目光。2000 年，龙门石窟向联合国教科文组织申报世界文化遗产成功，而它的微笑和眼神，也将中国龙门石窟汇聚到了世界的焦点。

…龙门石窟崖壁

这原本只是中原大地的一处山水，但是，因为卢舍那会意的笑容，它成为了全世界的一份永恒遗产。

卢舍那大像龛的雕琢年代就是在那个被称为大唐王朝的时代。这种唐代皇家石窟的恢弘气派，也正是大唐帝国强大的物质力量和精神力量的体现，它不仅是唐代雕塑艺术的最高成就，更是盛唐这一伟大时代的象征。

卢舍那大佛龛又叫奉先寺，是唐高宗为父亲唐太宗李世民而建。卢舍那，为佛教宗派华严宗所信奉的尊像，为智慧广大，光明普照之意。整个佛龛的造像内容是一佛、二弟子、二菩萨、二天王、二力士，共9尊大像。在九尊造像中，以主像卢舍那大佛为最高，通高 17.14 米，两侧造像高低波浪起伏，构成优美的天际线。

在中国哲学观中，奇数被称为阳数，符合中国崇尚阳刚之美，所以这里有 9 座雕像，而另一方面，中国人也欣赏阴柔之美，因此，中国佛像中有了许多女性面孔，在中国所有石窟雕刻中，龙门石窟雕像，是受到中国传统文化的影响最为突出的。

奉先寺卢舍那大佛以外十几米就是悬崖，当时工匠们显然不能后退以观察佛像面部各处细节的安排。唐代的工匠们靠什么把佛像的表情雕刻得如此完美？这个问题也许永远也不会有答案。只有卢舍那，1 000 多年来，始终坐在龙门微笑着。而它微笑的背后，就是整个盛唐。

敬善寺洞是一所中型的佛殿窟，它的主室门外两侧各雕刻着一身金

…佛像雕刻

…佛像雕刻工艺

…龙门石窟景区

刚力士，主尊阿弥陀佛坐于八角形束腰须弥座上。这个洞窟是唐太宗李世民的妃子韦氏出资建造的，佛身后浮雕有舟形身光及圆形头光，主尊两侧迦叶、阿难侍立，在南北壁靠近窟口处，雕有一尊手持宝剑、足踏夜叉的天王像。而在窟顶有莲花飞天。窟内四壁穿插雕刻有姿态各异的“五十二菩萨”。

这样的雕刻具有十分典型的唐代艺术风格，和北魏时期的洞窟相比，佛和菩萨像的身体都是比例匀称，丰满健美；浮雕的天王身披铠甲，气度不凡；门外的金刚力士充满动势地站立，突出着夸张的肌肉。

在龙门石窟，由于雕琢时间跨度很长，北魏有很多洞窟都是到了唐代完成的。因此，通过这些洞窟中的雕像，能清晰地看到佛教造像艺术风格从北魏到唐代的演变，北魏时期佛雕造像追求秀骨清像式的艺术风格。而唐代的佛像的脸部浑圆，双肩宽厚，胸部隆起，衣纹

…金刚和神王

…龙门石窟夜景

…高树龛佛头

的雕刻使用圆刀法,自然流畅。

龙门石窟的唐代造像继承了北魏的优秀传统,又汲取了汉民族的文化,创造了雄健生动而又纯朴自然的写实作风,达到了佛雕艺术的顶峰。

虽然龙门石窟这份艺术宝库主要出自北魏和唐代的雕塑家之手。但在事实上,无论是北魏时期,还是盛唐年代,佛教都在这两个朝代上演过大起大落的悲喜剧。也许有了这样一个经历之后,再次兴盛的佛教就多以石窟造像的方式体现。人们的愿望只有一个,就是尽可能地保留他们人生所尊崇的这门宗教,并期待可以带给他们后人一个美好的未来。

公元 1 世纪开始,佛教沿着“丝绸之路”走来了。

这支外来的宗教在唐代走向了巅峰,在与中国文化完全交融后,最终实现了“佛教中国化”的全过程。见证这一历程的,就是遍布在中国大地上的一座座辉煌的石窟。

从时间上说,3 世纪时,中国西域地区受到中亚犍陀罗风格的影响,开始开凿石窟。4 世纪到 5 世纪,石窟遍布河西,形成气势宏大、光彩夺目的石窟艺术。5 世纪到 9 世纪,中国石窟雕琢达到鼎盛时期,完成了中国石窟艺术由敦煌、云冈的不断演变，最终在洛阳的龙门几乎完全中国化的全过程，使佛教成为了中华文明的一部分。

今天，在龙门石窟研究院里，古阳洞高树龛佛像的佛头静静摆放在展柜中。在20世纪二三十年代龙门石窟石刻造像被大肆盗卖的风潮中，高树龛佛头也在某个黑夜被盗凿后运到了国外。2005年10月22日，经过艰难的过程，佛头终于又回到了龙门。借助三维再现的技术，我们能再次看到这尊佛像的身首合一。通过各种渠道回归的佛头，他们在几十年的飘泊后，回到了自己的家。

然而，还有一些佛头雕像就没有这样的幸运，他们现在究竟流落到了哪里，我们都还不得而知。而那些还留在龙门石窟神龛中的佛身，对佛像本身来说是一种残缺，对雕刻艺术而言，是一种破坏，而对于我们有血有肉的每一个人来讲，就好像真的失去了生命，令人唏嘘，令人扼腕！

让头像归位，让佛身复原，这是它们的希望，更是我们人类的责任。

龙门石窟位于洛阳市南郊12.5千米处龙门峡谷、伊水两岸的峭壁间。因为这里两山对峙，形若门阙，古代便以“龙门山色”居于洛阳八景之首。

但今天，这些洞窟也是它的另一番面貌，淡去了俗世的功利，缓解了压抑的心情。当千百年前我们的祖先留下这笔财富的时候，他们或许没有想到这份遗产还可以像那穿越漫漫黄沙丝绸之路上的驼铃，引导我们踏上回家的旅程。

…龙门石窟崖壁

七

依水而盛

当黎明的曙光又一次照耀洛阳时，穿城而过的洛水仍在默默地流淌。4 000 年前，就在这条河的岸边诞生了一座名叫斟鄩的都城，那是夏朝的国都；3 600 年前，商朝的都城西亳出现在这条河的下游；2 700 年前，东周王城也建在这条河的北岸。

最后，这条孕育了 13 个王朝建都的河流汇入黄河。

…洛河风景

…俯瞰洛河

一条仅仅只有 453 千米长的洛河，竟能唤醒我们祖先蒙昧的双眼，在这个河畔建立起属于整个中华文明的华丽篇章，这其中的奥妙令我们心驰神往。但今天，当我们俯瞰这条河流，祖先们千百年前在这里创建的辉煌，似乎已被这东流之水悄无声息地带走，变得无影无踪了。

据史书记载，早在隋唐时期，这条河流就已经横穿当时的洛阳城。北边皇帝居住的宫城与南边百姓居住的里坊区，就是借助洛河被有意隔开。

那时候，在皇城的出口曾经有一座横跨洛河的巨大桥梁——天津桥，这是一座龟背形桥梁。据说当时的洛阳人，喜欢在月上柳梢之时，观赏碧波荡漾中的天津桥，从此，便留下了洛阳八景之一“天津晓月”优美的倩影。

…洛水横穿隋唐洛阳城图

这是洛河上最后的一道橡皮坝，只要将这些橡皮坝袋中的空气抽干，河水便会流到坝下，而进入

…拱桥

…洛河清晨

下游干涸的河床，应该就能寻找到1 300 年前那座横跨洛河的天津桥遗址。

2008 年 10 月 11 日，一个充满雾气的早晨，洛阳城边的这段河流开始排放河水。被河水冲下来的鱼儿成为居民的意外惊喜，这些世世代代生长洛河边的人们或许听说过古代的洛阳八景，但并不十分了解那座已经消失了的天津桥。

橡皮坝放水的第二天，洛河河床终于呈现在人们的眼前，洛阳文物队的队员们通过史料记载与卫星定位，进入河床，开始寻找天津桥遗址。

王炬(洛阳市文物工作队汉唐研究室主任)：它这个宽可能是两米，这个桥墩，再往南去，就有一排残存的 4 个桥墩。

由于千百年河水的流淌，使得曾经天津桥存在的地方被泥沙覆盖。为了保险起见，文物队划出了几片区域进行挖掘。松软的沙土，密布的鹅卵石，为挖掘带来极大的麻烦。经过 3 个小时的清理，他们只挖下去了 50 厘米深。历史的真相在这一群人的心里成为焦急的等待。

经过 5 个小时的挖掘后，一块青石终于出现在了考古队员眼前，石块棱角分明，边线笔直，人工雕琢的痕迹极其明显。1 300 多年前，这块条石正是天津桥桥墩的一块基石。

王炬(洛阳市文物工作队汉唐研究室主任)：这一块是铁细腰，这个部位是铁细腰的一个槽，这是专门凿出来的，两个桥墩并排的时候，他怕被水移动，另外一块也是一个铁细腰，铁细腰是菱形的，用于卡住两个桥墩，不让它松动，当把所有的桥墩，用铁细腰衔接起来，这样桥墩就比较稳固，经久耐用。

天津桥，最早建于公元 605 年隋朝时期的一座浮桥，唐朝时期改建为石桥。在 200 多米宽的洛水之上，由 20 多个桥墩支撑起的这座巨大的龟背形桥梁，其规模之大，设计之精，应该是当时世界上最宏伟的桥梁之一。而拥有这宏大桥梁的正是大唐帝国的东都——洛阳。当那些沿

…洛河

…古运河

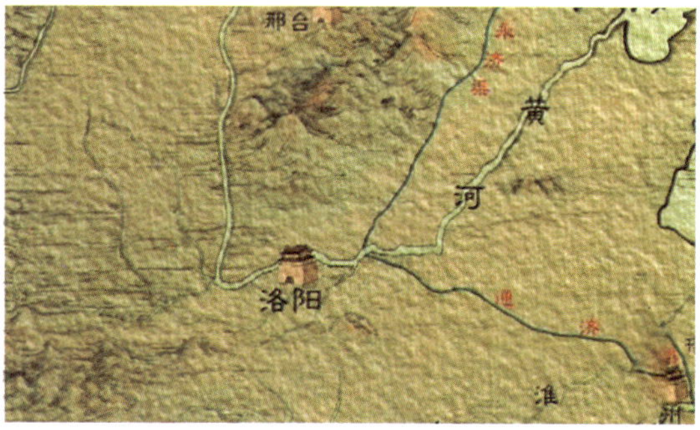

…隋唐大运河线路图

着运河从数千千米外溯流而上的船夫们看到这座桥时，他们开心地拭去了脸上的汗水。因为数月艰苦的航程已经结束，洛阳到了！

邗沟，是那些船夫最初启航的地方，位于现在的扬州。大概在 2 500 年前的春秋时期，吴王夫差为了北上争霸，从这里开凿了一条连通长江与淮河的河道。他没有想到，为霸业开凿的这条河道竟然成为中国最早的人工运河；他更没有想到，在自己死去 1 000 多年后，江南的扬州，中原的洛阳，北方的涿郡，这三座彼此相距千里的城市，竟然被一条人工开掘的河流连接起来，这就是隋唐大运河。

从公元 605 年至公元 610 年，隋炀帝命令开通了以洛阳为中心，南达余杭，北至涿郡，长达 2 000 多千米的大运河。隋唐大运河将海河、黄河、淮河、长江、钱塘江等水系连成一条庞大的水网，这既可以便于隋朝对富庶江南的统治，又有利于都城洛阳粮食和物资的供给。

公元 605 年 3 月 21 日，隋朝建筑家宇文恺接到了皇帝旨意：决定迁都东京洛阳城。而就在四天后,宇文恺又收到了一个命令,在营建洛阳时,还得主持修建人字形大运河洛阳段的通济渠。此时,这位已经在洛阳奔波数年的杰出的工程专家陷入了苦思冥想之中:如何让新的隋朝国都有一个新的面貌,让全国的物资顺利输送到洛阳。

当他想到夏、商、周、汉魏已有四座都城建在洛河之畔时,他便有了主意:让运河穿城而过——一个从未有过的创举在设计师的脑海中形成。

最终,宇文恺实现了让运河穿城而过的大胆设计。《隋书》中这样记载:"开渠,引谷、洛水,自西苑入,而东注于洛。"

方孝廉(洛阳市文物工作队副研究员):自西苑引古洛水东注于洛,就是说把洛河这里拐个弯,到偃师还注到洛河里边,这就证明咱这段通济渠,也就是洛阳市这一段洛河到偃师这一段洛河,是属于宇文恺挖的通济渠的一部分。

1964年,方孝廉从中国科学院考古研究所回到洛阳。30多年间,他在史料与现实中寻找大运河的痕迹。在他看来,今天横穿洛阳城的洛河,是宇文恺修建洛阳城时开凿的一条河道,这里就是人字形隋唐大运河开始的地方,它最初的名字应该叫做通济渠。

…大运河

方孝廉(洛阳市文物工作队副研究员):开通济渠它要水源,你没水源咋办?他把这个洛河和谷水给它引过来,从西苑里把谷水和洛河引进来入通济渠。

史书中的洛河并非今天的洛河,那是从隋唐至今 1 000 多年后一条消失的古代河道,方孝廉必须找到它。

洛阳南城的关林市场,是这座城市最大的小商品交易市场。方孝廉寻找洛河故道的工作就从这里开始。

1993 年秋天,方孝廉和同事在这里发现了一处新石器人类活动遗址,这些简陋的陶器来自 2 000 多年前,它们的主人是生活在这里的一个原始部落。

方孝廉(洛阳市文物工作队副研究员):古代人居住的地方,百分之百都要离水源比较近,从这一点来讲,在我脑子里肯定这条古河道是一条大河,因为它处在洛阳皂角树遗址,皂角树的遗址就是属于夏代遗址。

沿洛河向东望去,五座古代都城同样依水而建,当这条线被划出的

…隋唐城平面图

…古城步行街

时候，古代洛河便清晰地出现在方孝廉的地图上。在这张地图上，红色代表今天的洛河，蓝色代表古洛河。但是，在 1 300 年前，如何让古洛河改道成现今的洛河的呢？宇文恺究竟是如何改变这条宽阔河流的奔涌走向呢？

《隋书》中，记载有一座建于古洛河上的水利设施——分洛堰，它应该是让洛河改道的唯一途径。

方孝廉（洛阳市文物工作队副研究员）：既然它是分洛堰，它应该是跟洛河同向的。它必须是能把洛水分开，一分两半。

在洛阳新区，东西向笔直的开元大道是这座新城最宽的马路。而这条马路的方向，便是 1 300 年前古洛河的方向。宇文恺设计的分洛堰应该就在这条大道的下面。

分洛堰其实是一道坚固的石墙，厚度几乎等同于这条马路的宽度。这道坚实的石墙自西向东，顺着车流的方向将古洛河一分为二。

然而，这座水利设施在宇文恺看来只是略施小技，有水便能引水，在

…老牌坊

洛阳，除了黄河、洛河之外，还有伊河、瀍河、涧河可供修建洛阳城时使用。古语所说的“五水绕洛邑”，指的便是这五条河流。

今天，这些河流大多仍在流淌。北依邙山台地，南临秦岭余脉，西接汉函谷关，东至黄河渡口，从高地流入盆地的水系让宇文恺在设计洛阳城时游刃有余。而这样的地理优势，使得洛阳至今仍是中国北方最富水的城市。

在隋唐年间，洛阳与天府之国的四川成都，几乎拥有同样的地理优势，而这种地势在中国古代的风水学中便是聚财宝地。

古老的店铺经营着上百年的繁华，古城步行街是洛阳城里最久远的街市。1949 年新中国成立后，洛阳以发展重工业为主，商业逐渐显得不那么重要了。然而在 1 300 年前的隋唐时期，洛阳却已是世界东方最大的商业城市。如今，这条老街成为当年盛景唯一的遗存。那时这里被称为东市，大量的商人聚集在东市中，让这里成为一座繁华的市场。

白碛村距离洛阳城区并不太远，城市的扩张让这个古老村落的耕地越来越少。十多年前，村中百姓开始将种植粮食的土地变成蔬菜基地，以供应城市的需要。但是，每当锄头挖到距离地面 50 厘米深的土层时，一些残断的砖瓦便会出现。不断地清理，又不断挖出，这砖瓦常常让村里的菜农头疼不已。

洛阳洛龙区白碛村村民：因为种地，挖一尺多深的时候就有好多砖瓦，特别是打秧畦的时候，挖一尺多深，打这么高的时候，那锨都下不去，挖一锨挖到这个，挖一锨挖到这个。

2004 年，洛阳市考古队进驻白碛村菜农的大棚，经过考古挖掘，证明在白碛村的地面上曾经有过密集的建筑群，而翻阅隋唐的史料发现，这一位置就是一个名叫南市的大型贸易市场。

…陶罐

宇文恺在设计隋唐洛阳城时，在城中每500米设计一个正方形的坊，当时整个洛阳城有一百多坊。东市是一个坊，而南市拥有两个坊。史料记载，南市的入口有12个，120条街道两旁排列着3 000多家商铺。那么，当时为什么南市要比东市大一倍，市场上到底有什么奇货可居，成群结队的商旅来自哪里又走向何方呢？

2007年，洛阳市文物队在定鼎门遗址考古挖掘中，发现了大量骆驼脚印，那些骆驼的主人来自西域，他们带着西域的香料、胡桃和来自欧洲的玻璃制品，通过这道城门进入南市进行交易。

…运河

…隋唐含嘉仓遗址

白釉双龙尊收藏于洛阳博物馆，它烧制的时间是唐朝，那个时期的中国人尤为喜欢这种胎质洁白，釉面光润的瓷器。白瓷在唐朝达到极盛时期，当时中国最大的白瓷窑是河北的邢窑。中国传统瓷器有“南青北白”之分，白便指的是邢窑白瓷。而青，就是唐人喜欢的这种青瓷，那个时期，青瓷最为著名的窑址是位于今天浙江的越窑。

…含嘉仓侧面

越窑在南，邢窑在北，并且各建在隋唐运河人字形的两边，1 300 年前，这些瓷器通过运河来到洛阳，很快便被送上了南市的货架。

西域商人赶着骆驼，沿丝绸之路来到洛阳，进入南市；而千里之外的烧瓷工人将瓷器装进船舱，沿着运河运输到南市。最繁盛的时候，3 000 多家商铺经营着当时隋唐王朝所有能够交易的商品，这些货物汇集到南市，又从这里被发送到全国各地，以及西域和日本。运河与丝绸之路在洛阳的交汇，使得洛阳南市成为了当时世界上最大的市场和最大的商品集散地。

当年，那些装满瓷器的货船到达洛阳的第一站，就停靠在这个低洼地带等待卸船。这里是洛阳城一个叫做煤渣坑的地方，坑是这里老百姓对于低洼地势的形象表述。

洛阳市民：外面刮的风，上面风觉得很大，到了底下风很小，沿圈高，这儿的地势低。

几年前，当下水管道还未铺设的时候，每逢雨季，仿佛整个洛阳城的雨水都会流到这里。煤渣坑的居民并不知道，在 1 300 年前，宇文恺在洛阳城的设计图纸上，有意在这里挖出了一个巨大的深潭，叫做新潭。

沿运河来到洛阳的船就停泊在这里，那时候有 3 000 只往来于运河之上的大帆船，常常会堵塞运河水道。到了公元 701 年，唐朝继续营建新谭，使这里“天下舟船所集，常万余艘”。在这些船上，不仅有河北邢窑的白瓷、浙江越窑的青瓷，还有帝国最重要的物资——粮食。

这个巨大的深坑是在 20 多年前被发现的。1971 年，焦枝铁路车辆段修建之前，洛阳文物部门在这里发现了一个口径 12 米、深度近 9 米的大坑。当考古人员小心翼翼挖开坑底的土层时，黄色变成了黑色，经过研究发现，这竟然是 1 300 多年前的稻米。原来，这巨大的深坑竟然是 1 300 多年前唐帝国存放粮食的仓窖。

在仓底，考古人员还发现了一块刻有文字的方砖，在这块方砖上，找

…洛阳铁路

到了关于这些稻米当年的一些信息：公元 704 年，13 000 多石来自江南的糙米，经过运河运抵洛阳。如果不是埋藏了上千年的时光而碳化，这些糙米的重量就相当于 78 万千克。它们启航的地点是苏州，当这些糙米被运抵洛阳后，很快就被全部倒进了这座名叫含嘉仓的仓窖中。

然而，含嘉仓的仓窖并非只此一个，在它的旁边，还有 400 多座同样的仓窖整齐地排列着。

作为农耕文明时期的古代中国，粮食不仅仅意味着生命，它还是这块土地上战争和权力的特殊筹码。在那样一个时代，国家如果不能掌控充足的粮食，不要说外患，即使是内乱，便足以导致王朝的坍塌。因此，对含嘉仓考古时还发现，这个有着 400 余座仓窖的建筑群，和帝国的皇城仅仅一墙之隔。

在洛河流入黄河的入口处，还有一座拥有 3 000 多个仓窖的洛口仓，它是帝国最大的粮仓。如此紧密的排列只有一个原因，那就是运河带来的便利交通。

…潞泽会馆

…山西会馆

…洛河风景

从大运河南北两端运来的粮食倒进了这些地下仓窖。然而，在1 300年前，这么多粮食又是如何保存的呢？

原来，这些仓窖都被挖掘成一个口大底小的土窖，将窖底夯实后，便用火烤烧，使底部坚硬干燥，然后铺一层灰渣以防潮湿，接着在灰渣上铺设木板，木板上垫草，草上铺席。窖壁周围也砌有木板，当窖中分层堆放粮食时，每层之间用席子隔开。装满粮食后，在窖口部位先盖一层40到60厘米厚的谷糠，再盖上席子，并用泥土密封窖口，最后在这层泥土上栽种一棵小树，当树叶发黄的时候，说明窖里的温度过高，而绿色则代表一切正常。

含嘉仓北墙外便是今天的陇海铁路，一道矮墙隔断了千年的时空。1 300年前，隋唐大运河与丝绸之路在此相会，水路与陆路沟通了中国的东西。1 300年之后，中国的陇海铁路又被称作欧亚大陆桥的一部分，同样贯穿东西。新的交通让隋唐大运河失去了往日的光环与作用。

…山西会馆

但是，直到中国最后一个清王朝时期，洛阳的商贸依旧因袭传统水路而发达。从当年含嘉城沿着瀍河顺流而下，便会看到这座建筑——潞泽会馆，这就是当时山西商人的会馆。如今，这里已成为洛阳民俗博物馆。收藏着当年那些商人在洛阳开设商号的牌匾，可以看出，他们当年所经营的货物，从中医药材到西洋钟表，从布匹绸缎到洋货香粉，几乎包括了当时所有的买卖。

而山陕会馆则是清朝时期山西和陕西商人在全国所建最大最多的会馆，现在我们还可以看到当年山西和陕西商人捐助银两建设会馆的记录，这些外地商人为何对于这座古城如此情有独钟？原因只有一个，河水并未消失。而山陕会馆就建在洛河岸边，会馆戏楼上的木雕是双龙戏珠图案，所谓的“珠”是一只巨大的蜘蛛。在那些商人的理想中，蜘蛛的八条腿寓意着四通八达，财源广进。

今天，隋唐大运河虽然已经成为了遗迹，但是，从古至今，发达的水系一直滋养着洛阳，也为洛阳这座古城带来最初的文明、曾经的辉煌和今日的繁华。

八 国色天香

四月，正是中国传统意义上的仲春时节。像往年一样，这个时候到洛阳城观赏牡丹成为了许多人出游的选择之一。虽说牡丹的花期只有20天，但是，这些花儿似乎积蓄了整整一年的力量，只为在这20天里怒放。春日洛阳赏牡丹，早已成为这座古城从古至今的一种风俗。唐代诗人白居易就曾有过这样的描述："花开花落二十日，一城之人皆若狂。"

…洛阳牡丹

…云中牡丹

…游客赏花拍照

外地游客：我们从伟大首都北京来的。每年的洛阳牡丹节是很有名的了，我们是慕名而来的。昨天晚上12点到的这儿，今天一早我们就赶来了，看了以后真是感觉特别好，不愧是洛阳牡丹甲天下，真好。

在公园外，每一条街道的旁边，惊艳的牡丹成为了这座城市的装饰，在车流人海中，她们显得卓尔不群。外地游客流连于姹紫嫣红之间，而生活在洛阳的百姓更是不会错过一年一度的牡丹花季。每年牡丹花开的时候，这座城中总会出现很多画牡丹的人，20天的花期，对于他们来讲实在太短，将花入画，他们希望将眼前的怒放留在纸上。

洛阳市民：这花好看，你一看着花，其他事情就不想了。就想把这个花的好看劲儿表现出来，有一种表现欲望，这也是画画的根本，想画才能画。

牡丹花开，也正是洛阳绘画写生者最为忙碌的时候，以洛阳牡丹为题材的丹青好手在中国被称为洛阳牡丹画派。

今年66岁的王绣是画派中的代表人物之一，两年前的一次艺术品拍卖会上，这位国家一级美术师的牡丹画作最终以每平方尺一万元的价格拍出，这几乎是那场拍卖会上牡丹画的最高拍价。有些不了解王绣的人认为她的牡丹画得好，是因为近水楼台的缘故，然而，她的家乡在冰城哈尔滨。直到24岁王绣来到洛阳时，才第一次见到真正的牡丹。

从第一次接触牡丹到今天，她已经画了40年。40年间，画同一种选题，用同样的笔触，涂同样的油彩，每次拿起画笔她仍然觉得有一种兴奋，因为每一朵牡丹在王绣的眼里都各不相同。

王绣（画家）：画牡丹首先要去体验，应该去写生。特别是对牡丹它的生长规律，牡丹的整个的习性和它在大自然中的形态，比如说，风中的牡丹，晴天的牡丹和早晨带露珠的牡丹，就是风晴雨露之中，牡丹都呈现

…牡丹

…著名画家王绣

…洛阳牡丹绘画写生

出不同的姿态。

当年，王绣写生的地方没有太多的选择，因为直到 1983 年，洛阳牡丹花会才第一次作为一个节日的形式出现。开幕当天，游客被挤掉的鞋子就捡了 3 大筐，虽然当时呈现在人们眼前的牡丹，只有不到 100 个品种、总数也不过 10 000 株，但第一届牡丹花会的门票仍卖出了 20 多万张。这张当年牡丹花会的门票图案，就是这座城市留给那个时代的印记。

到了 2008 年的第 26 届牡丹花会，洛阳的牡丹品种伴随着城市容颜的变化，已经达到了

…《洛神赋》

…洛阳牡丹

1 200 多个，一座城市对一种植物的情结如此之深，在中国只有洛阳。而在牡丹盛开的时节，日赏牡丹夜观灯，也成了这座城市一个特有的民俗。只是人们没有想到，早在一千多年前，生活在洛阳城里的百姓就有此习惯了，牡丹和这座城市的关系，早已注定。

公元 222 年，年方 30 岁的曹植曾经在洛水边幻想遇到一位仙子，那便是洛神。这位“建安文学”集大成者深为洛神的美丽倾倒，写出了著名的《洛神赋》。100 多年后，东晋大画家顾恺之又为《洛神赋》所感动，便用心灵的笔触绘成了这幅传世精品。

今天研究牡丹的学者们无暇顾及这幅画中的意境色彩，他们只看到了一株牡丹，这就是洛阳牡丹最早的样子。

在洛阳城西休闲锻炼的人们或许不知道，他们脚下的地方在 1 400 年前曾经是一座巨大的皇家园林——西苑。当年隋炀帝杨广在洛阳“辟地周二百里为西苑”，牡丹也就是那时起第一次被人工栽培。

金志伟（中国牡丹芍药协会副会长）：西苑里边呢，当时广泛地收集了全国各地的奇花异草。牡丹作为一个主打的品种，从全国各地征集过来，开辟了中国人工栽植牡丹的一个新纪元，也算是野生牡丹正式进入皇家园林栽植。

公元 605 年至 610 年，隋炀帝杨广开通了以洛阳为中心，南通余杭、

…夜晚灯市

北通涿郡的大运河，这条 2 000 多千米长的运河，也为隋炀帝的西苑运送来各地的上等花卉。史料记载，西苑就曾经栽种隋炀帝下诏从河北易州运进洛阳的 20 箱牡丹，有“飞来红”，“云红”，“天外红”等品种，栽种牡丹很快成为当时上层社会的一种时尚，并进而在民间流传下来。

隋炀帝在西苑里并没有快活太久。后来，那位求喜、求异、求奇的中国第一位女皇武则天在登基之后，把办公地点索性搬到了洛阳。不过，在洛阳人看来，这女人并不是一个严厉的皇帝，而是一位牡丹天子。她不但把长安城的牡丹移植到洛阳，还把甘肃、山西的牡丹也栽到了洛阳城中。每年花开之时，文武百官便会在女皇的带领下游园赏花，而这花儿的繁盛也由此开始。唐朝诗人刘禹锡在《赏牡丹》中有这样两句诗意的记载：“唯有牡丹真国色，花开时节动京城。”

张元纯(作家)：武则天特别喜爱牡丹，当时的牡丹，就是种在宫廷，民间禁种，宫廷独有，就是不到一定地位的人不能种。那时候牡丹的地位非常高。

王绣常常会在洛阳博物馆中寻找带有牡丹图案的文物进行观察。1 000 多年前的工匠们把牡丹的形象记录在了绿色的瓷枕上，天热的时候，这样的颜色会让人感到一些清凉；烧制这只瓷瓶的工匠，则完全迎合了儒家书生的口味，在装饰堂屋的瓶子上面烧制出白底牡丹花色。

它们诞生的时间是在中国的唐朝和宋朝，那是牡丹花在洛阳城中最繁盛的时候。因此，在那个时候，牡丹成为了瓷器最绝妙的生活和艺术搭档。

张元纯（作家）：牡丹花会在洛阳最早形成于宋代，这是有史可查的。当时洛阳，一到牡丹花开的时候，形成集会，妇女们上街都是头插牡丹，怀抱牡丹，满街都是交换牡丹、卖牡丹的场景。而且牡丹花开的时候，全城的人包括做工的、种地的都停工了，要穿上好看的衣服，去园子里赏牡丹，去田园里看牡丹，在街上比牡丹，赛牡丹，互相交换牡丹，形成很隆重的会集，持续很长时间。

鞭炮响起时，洛阳一对新人的婚礼开始了。鲜花，彩车，婚纱自然是

…含苞待放

…盛开的牡丹

…武则天赏花

…印有牡丹的古代瓷枕

…印有牡丹的枕头

婚礼的必备之物。今天的年轻人早已接受了来自西方的流行，在众人的祝福声中走进婚姻殿堂。

在举行婚礼的后院，剪纸艺人陆远早晨6点就被新郎的父母请到了家中，她的这种职业最早可以追溯到南宋时期。洛阳农村每逢婚礼喜庆的日子，新人的家庭总会请来剪纸艺人，剪出喜花儿，贴在墙上或者器物上。喜花儿的主题只有一个：那就是吉祥。

陆远（民间剪纸艺人）：这是一个牡丹喜，牡丹是富贵花，开得花朵大，漂亮，都很喜欢。所以我今天也给新郎新娘剪了这张牡丹喜花，祝贺他们新婚圆满，百年好合，万事如意。

王支援（洛阳民俗博物馆馆

长）：牡丹之所以华贵，因为它花期特别短，能看到它不容易，所以越显得它特别珍贵。老百姓在日常生活中都把牡丹这个图案用上了，包括我们的刺绣，包括一些剪纸，包括一些建筑。

无论结婚还是生子，牡丹在洛阳城都是每一个家庭美好愿望的寄托。这对孪生姐妹刚满一周岁，现在，孩子的奶奶就正在为她们缝肚兜。当地有一种习俗，每当家里有小孩子出生，长辈总要亲手为他缝制各种各样吉祥的小玩意。在中国的其他地方，人们大多会在肚兜上绣出老虎头或者“五毒”图案，以此表示孩子百毒不侵。然而在洛阳，这些图案统统都被牡丹所代替。

洛阳市民：我最希望小孩子健健康康，平平安安的成人长大。

金志伟（中国牡丹芍药协会副会长）：牡丹有一个比较奇特的习性，号称就是，舍命保花，它为了绽放，开得漂亮，可以在牡丹花开了以后，第二年就死掉了，就是把毕生的养分和精力，都供应到花上。

…黄牡丹

…洛阳黑牡丹

…山陕会馆

老人的心愿大抵如此，他们会将最简单、最朴实的希望，悄悄地缝进手中的牡丹图案之中。

洛阳城东的潞泽会馆修建的时间是1751年，这是当时一些山西商人在洛阳的办事处。这些商人给会馆的建设捐款捐物，他们不仅希望这会馆修的恢宏大气，也希望这座建筑能给自己带来更加红火的生意。当然，在洛阳居住久了，他们也早已明白牡丹在这座城里的含义，于是，他们在房梁之间，雕刻牡丹作为装饰。

500米外是同一时代建起的另一座会馆，这是一座由山西和陕西商人共用的会馆——山陕会馆。这一群商人也希望吉祥的牡丹保佑他们的生意蒸蒸日上，于是他们将牡丹画在了高高的房梁上。

在洛阳民俗博物馆，我们看到不少过去洛阳富家大户流传下来的刺绣物品，在这幅装饰刺绣品中央，一个花瓶插着鲜艳的牡丹花，花瓶代表平安，牡丹代表富贵，还有两只凤凰围绕着牡丹轻轻飞舞。

这幅刺绣物品看起来是为家族中的老人所绣。在厚实的布料底子上，绣出的福禄寿三位神仙，以及他们身上的牡丹图案，都有浮雕一般的质感。可能这位长者年岁已高，但她仍能用手触摸到她最熟悉的牡丹，触摸到儿女们的祝福。这种被称为洛绣的刺绣，最早可以追溯到西周时期。而在洛绣的各种纹饰中，牡丹图案就占到一半以上。

…房梁上画的牡丹

张元纯(作家)：牡丹在中国文化、以及东方文化里，它代表的是一种吉祥、富贵、发达、昌盛。在中国历代从唐代一直到清代，所有国家的皇室，主流审美价值观里头，这个牡丹一直作为吉祥，作为高贵、华美这样来对待它。

…牡丹雕刻工艺

对牡丹的喜爱可以说贯穿于洛阳人的整个生命周期之中，即使离开了这个世界，他们也会将牡丹的记忆带回到生养他们的这片土地。在这座宋代古墓中，我们看到在墓室四壁的青砖之上雕刻着牡丹图案，想必他在世的时候，一定是在房前屋后种满许多牡丹，甚至在月圆之时，还与友人把酒赏花；而在他弥留之际，对牡丹的追忆或许就是他最后的呓语。

…牡丹刺绣

上千年前被凝固的牡丹在今天依然令人赞叹不已。这些宋墓中的牡丹砖雕和一些牡丹文物的图片正在被专家们讨论着。参加会议的有历史学者、考古专家、民俗学者，还有洛阳市邮政局的工作人员。他们计划发行一套关于洛阳牡丹文物的邮票，这将是在1 000多年后，洛阳牡丹在瓷器、房梁、刺绣、宣纸之后的另一种载体。

在会议室的楼下，集邮爱好者们正在挑选他们中意的邮票。在他们看来，新的载体让这吉祥富贵的花与他们城市的历史联系更加紧密。

…牡丹花

洛阳市民：洛阳发行过很多牡丹的邮票，

…牡丹邮票

我觉得这是洛阳的一种骄傲。因为我是女性，我就特别喜欢牡丹，它是一种代表女性的雍容华贵的花，而且现在我觉得这也是代表我们国家兴旺发达的花，牡丹能给人带来吉祥，牡丹能够让我们感受到美，我觉得洛阳就是一个花城，洛阳的女性都特别的美，洛阳整个城市都充满了温柔、温情，还有博爱、大度、宽容。我觉得这就是我对洛阳的理解，对洛阳牡丹的理解。

每当谈起牡丹，洛阳人就会流露出骄傲的神情。从三年前到今天，洛阳报请国家邮政管理部门已经发行过三套关于牡丹的邮票。他们希望这种花连同他们的城市能够被更多的人看到和熟悉。

2008 年 6 月底，国际集邮联合会在罗马尼亚举行会议，会议的主要内容是选出 2009 年世界集邮展的举办地。这项邮票世界的奥林匹克盛会每年会在全世界范围内选一座城市举办，来自各个国家的集邮组织都会参加，而这也是让世界了解自己的重要手段。

1999 年，世界集邮展在北京举办，也就是从那时起，洛阳人一个新的梦想便诞生了。

郭洪昌（洛阳市原人民政府市长）：那天我做完陈述之后，后来世界邮联专门派了一个顾问，带了一个专家小组，在今年（2008 年）的牡丹花会期间来到洛阳，对洛阳的牡丹花会进行了一次实地考察，通过考察之后，他们感觉到，他们看到的比当时我们放那个片子效果还好，所以他们认为，世界邮展选择洛阳，是一个非常明智的，非常正确的选择，这是大家一致的意见。

付治水是洛阳集邮协会的一名会员，他在 16 年前就已开始关于牡丹邮品的专题收集。对付治水来说，收藏只是一种爱好；而对于他所生活的这座城市来讲，这些邮票却是对牡丹传承的另一种图解。如今，他已收藏了上千种以牡丹为主题的邮票。多年的收藏整理后，他突然发现，喜爱牡丹的国家并不只中国，在世界的其他地方，不少国家都盛开牡丹。1893 年，一位法国神父在云南发现了紫牡丹和黄牡丹，不久之后，它们被移栽到巴黎博物馆，很快便繁衍出了许多牡丹新品系。

付治水(洛阳集邮协会理事)：大概过了 80 多年，这些牡丹新品系就传到了日本，后来日本人又把它作为礼品赠送给中国，这样，牡丹新品系带着异国的情趣回到了自己祖国的怀抱。

一个江苏客人几年前一直从王森照手中邮购牡丹。王森照说，从他的爷爷开始，王森照一家就以种植牡丹为生。每年秋天的时候，他常常和家人一同从地里刨出牡丹打上包裹，随后，这些枝干将会被运送到全国各地；来年春天，这些枝干会结出鲜艳的花朵。

几乎全世界牡丹的原产地都在中国，而中国所有牡丹的产地中，洛

…花城牡丹

…荷包牡丹

…二乔牡丹

阳的牡丹花农却是最轻松的，自古以来，他们根本不用去精心管理，就能让牡丹开出让他们满意的花朵来。

洛阳区域内的土地中含有53种微量元素，其中5种在中国的其他地方非常稀缺。这便是洛阳牡丹花农引以为豪的原因。因为颜色偏黑和数量稀少，黑牡丹被誉为冠世墨玉；而另一种绿牡丹，最早盛开于宋朝。1 000多年前，那位自称"曾是洛阳花下客"的北宋大文豪欧阳修就说："洛阳地脉花最宜，牡丹尤为天下奇。"他不会想到，1 000多年后，先天的养分让这些珍品再次回到人们眼前。让这娇贵的花儿还能在四季里盛开。

金秋十月，距离牡丹自然开花的时间早已过去了6个月。然而洛阳郊区的这座大棚里，牡丹仍在盛开。花匠们只是在6个月前把即将开花的牡丹从泥土中挖出，在经过一系列技术处理后放进冷库；当需要的时候，再提前拿出来进行培育，这花便会在任何时节开放，成为不同场合中最耀眼的色彩。

蔡运章（中国先秦史学会副会长）：国家强盛了，经济富裕了，牡丹花雍容华贵，这个吉祥花就得到人们尊重。国家

衰落了，经济衰败了，人们也就没有闲情逸致欣赏它，国盛成就牡丹盛。

这是洛阳市郊一户普通的农家，农闲的时候，村里的百姓常常在院里支起桌子，拿出画笔，如果只看宣纸上的牡丹，没有人会相信它们来自一群普通的农民之手。在他们眼里，牡丹富贵平安的寓意正是他们的希望。

花要大一点，颜色要鲜艳。牡丹不像别的花，看着小气了不行，显示不出它的富贵。

…牡丹花

…洛阳红

2009年世界集邮展在洛阳牡丹花会之际开幕。来自海内外的游客不仅可以在洛阳观赏鲜活的牡丹，在邮展上看到绚丽的牡丹，在饮食中也能感受到牡丹的气息。因此，洛阳最古老的饮食文化——水席也作为一道特色大餐，成为人们的期待。水席的头牌是牡丹燕菜。萝卜、鸡蛋与豆腐是这道菜的主要原料，吉祥的牡丹就在这道菜的顶端。牡丹水席起源于盛唐时的洛阳，不仅因为各色大菜像行云流水般的撤下与端上，还因为水席的每道菜中必有汤，汤汤水水，行云流水便是水席的由来。

张元纯（作家）：牡丹和水席，两者颇有渊源，同样都产生于唐武周时期，而牡丹在洛阳的传承，它是一种生命的传承，到了今天逐渐繁华。而作为水席的传承，它有种物质携带了精神的一种传承，它是种物质传承。这两种传承，一种是生命携带精神，一种是物质携带精神，同样都是洛阳帝都情结的一种延续。

数千年来，洛阳城不断在湮灭和兴盛中轮回，牡丹的盛衰荣枯，就是这座城市沧桑与活力的见证。

今天，牡丹再次牵引了洛阳与世界交流的目光，更为洛阳带来从未有过的自信和荣耀。

九 秀甲山川

河洛大鼓唱词：

都说咱洛阳似仙界，洛阳人一生一世觉着不白来。

初秋的黄昏，当太阳的余晖洒在农村老百姓院落的时候，居住在洛阳城郊的居民们也开始围坐在他们自家的院子里听河洛大鼓了。这是一种在此地流传了上百年的地方曲艺，快板、大鼓、胡琴，简单的乐器衬

…白云山山水

托出艺人口耳相传的唱词。而这些唱词所表达的内容永远是发生在这河川山野的骄傲。

在中国，形容山的高大巍峨一般以天上的云为参照，但凡高山都会有云，而这座山的海拔不过 2 216 米，却以白云命名，只因为如此海拔的山峰在地处中原的河南地区并不多见。

李春茂就住在白云山脚下的五马寺村，每天清晨，他都要在山涧溪流中舀出第一桶水。和祖辈们一样，李春茂相信，没有这条溪水，就没有他们这个村落的延续。

同时，被山泉滋养的还有李春茂回家小路旁的这片竹林。在中国，竹林大多生长在空气湿润、水分充足的南方。然而，它们却挺拔在这片北方的土地上。

…白云山氧吧

吃早饭的时候到了，尽管主食是玉米粥、烧饼等这些中国北方的食物，但他们生活的环境却像在南方。

李春茂(洛阳嵩县五马寺村村民)：过去这也是大森林。像这两棵树，这是白果树，其实就是银杏，这一棵是大将军，那一棵是二将军。我记事的时候，这树就是这个样子，长一年也没有啥明显变化，我今年都60多岁了，我记得是这个样子，现在看着还是这样。

这两棵银杏树据说已经有1 300多年了，像这样的树在村子里还有30多棵。无论是竹子，还是银杏，它们生长的最佳环境都该是湿润温暖的南方，然而，它们却都在这里扎下了根，原因就是这座大山能流淌出它们生命的源泉。

这里就是源泉的起点。住在山上的沈道士也在清晨来到山崖边取

水。只不过这些水是从长满苔藓的山崖岩缝里慢慢滴落下来的。

不经意间，水滴汇成了山下的溪水，并汇聚成一条名叫白河的河流。流过 630 千米后，白河在湖北襄樊汇入汉水，最后再一同流到长江。

在山顶取水需要耐心，在山顶生活也需要同样的耐心。

沈道士(白云山玉皇阁)：每天都这样浇，山上的土质比较干，气候也不太好，空气有点稀薄，上面气压特别高，最早是在上面种的，后来挪到下面了，大概从这儿有 40 米吧。我自己认为，有 40 米高低落差。这里的水特别清，你看这是白河的源头之水，它一直流到长江里面，我认为这菜用这样的水浇出来比较好一点，水特别干净，特别清。

在这里来回往复取水的沈道士也经过一片竹林，它们是生长在高寒地带稀疏的箭竹林。海拔 2 216 米的山顶上空气稀薄，生长的也多属于

…白云山

…原始森林

针叶类植物。

秋天，一个因季节而定的日子里，白云山下的村民总会在银杏树下祭祀，尽管不知道神龛中供奉者的名字，但村民们并不在意，他们只是将崇敬燃进香火之中。

这个季节是银杏收获的时候。像祖辈们一样，年轻人爬到树上奋力敲打，成熟的果实便纷纷掉到地上，这情景很像秋天的雨水飘落下来。树下的老人、妇女和孩子们等待着收集这一年的果实。和恐龙同时代的银杏，是地球上第四纪冰川过后存活下来的古老植物，有“活化石”之称，它的果实与树叶都是上好的中药材，只不过这种树一般要生长20年才挂果。因此，今天村民们在享用这些果实的时候，也在心里感激多年前种树的人们。

李春茂（洛阳嵩县五马寺村村民）：主要是捡果子，开始都捡起来，放两天，皮去掉，取这里面的籽。听说这树是老和尚种的，这里有庙，有庙就有白果树。

种树的人就是树下神龛中的僧人，也是眼前这座佛塔的主人。1300年前，信奉佛教的武则天成就了东都洛阳这座佛教中心。一些僧人就在

…玉皇阁

…白龙大峡谷

白云山下修建了乌曼寺。

同样是 1 300 年前，一群道士打算清心修行，他们也在白云山顶上修建了一座玉皇阁。从那时起，释迦牟尼、玉皇大帝、元始天尊就和这山一起接受着人们的朝拜。因为佛教是劝人行善积德，建寺庙于山脚下，便于善男信女朝拜。而道教是讲究自我修炼，立道观于山顶险要处，求的就是一个净身修炼的环境。

每当降水持续减少而山泉干涸的时候，沈道士只能穿过崖壁上的栈道，到山下有水源的地方去挑水了。而险要的栈道下方就是深渊，被人们俗称为“肉坑”。沈道士必须小心翼翼穿过“肉坑”，才能到达溪水边取水。

沈道士(白云山玉皇阁)：栈道特别危险，稍不小心，就会滑下去，摔伤甚至更严重的后果。但是没办法，因为师傅教我们，道家修行主要有一个原则，我们道家寺院大多都是修在山冈上面，或者修在比较偏僻的地方。我们不希望别人打搅我们，我们也不愿意去破坏别人，包括大自然，因为水本身就是由上而下流的。

山顶道家，脚踏地气，意接天露，省内心我即万物，观宇宙万物即我；山下佛门，木鱼青灯，晨钟暮鼓，讲善恶因果报应，论福祸生死轮回。一个是山顶清修，一个是山下普渡，两两相望，互不相扰。两种不同的宗教选择了同一座山作为修行之地，或许都是被这座山的灵气所吸引。

白云山在洛阳南部 150 千米，东西绵延 800 百余里，它所在的山脉叫做伏牛山。站在高处俯瞰这片山脉，一座座山峰犹如树木一般矗立在中原大地之上。在地质学家眼里，这样的山峰被称作峰林地貌。相比山顶道家，山下佛门 1 300 多年的历史而言，这样的景象早在亿万年前就已经形成。在远古的地质发展时期，来自地球内部的力量，将原本平坦的花岗岩从北向南不断推动，在繁杂的地质变化后，便形成了这一片气势磅礴的雄迈景象。只是这景象在漫长的历史中很少被人看到。

天刚蒙蒙亮的时候，贾春生就爬出了帐篷，他不愿错过日出云海的景象。

贾春生(摄影师)：我来了大概有上百次了，拍了也就有三四次，拍

…伏牛山

得特别壮观，其中有一次云海特别好，在这一带全部都是云海，有几个山峰若隐若现，那一次是我感觉对自己拍照十分满意的一次。

没有想到，就是这几张照片，竟然让白云山被世人第一次所关注。

2005年，《中国国家地理》杂志社和全国31家媒体、3家门户网站共同举办“中国最美的地方”评选活动，这项活动将选出中国最动人的自然美景。贾春生影像上中的白云山和众多名山大川一同被列入了参选名单。

才华烨(《中国国家地理》杂志社社长助理)：常规的比如说像黄山、泰山、九寨沟，大家经常去的这些旅游景区，肯定会在海选里面有比较集中的选票，但是的确这个河南白云山我们之前没有听说过。

出乎所有人的意料，洛阳白云山竟然获得了网络人气和媒体大众两项排名第一。人类活动相对稀少、自然生态保存完好似乎并不是最合理的解释，特殊的地质风貌或许才是最终的原因。

关注白云山的不仅仅只有贾春生。为了更好地探究白云山，罗孝民经常来到这座山上。

罗孝民(文化学者)：这是个

量雨器，上面这个是漏斗，每天下的雨水，从这个漏斗上面流到下面的塑料壶里，这个塑料壶将每天下的雨水收集起来以后，倒在量杯里面，根据量杯上的刻度，就可以知道它的降雨量是多少。昨天下的是中雨，达到5.6厘米，已经是属于中雨了，比较大。

误差就在这时产生，白云山下，气象局的数据却与山顶完全相反。专业的仪器显示这里并没有任何下雨的记录。

一山有四季，四季不同天。2 216米的海拔使得这座地处中原的大山在气候上上下分明。因此，在中国气象地理学上，作为秦岭的余脉，这座山还划出了中国南方与北方的分界线。

罗孝民（文化学者）：整个这座伏牛山，它属于秦岭的余脉，而秦岭和伏牛山这一线，正好是咱们中国的南北地理的分界线，我们脚下这座山，一到下雨的时候，如果要是有从北边向南边吹的风，这个雨就落到南边，一落到南边就流到长江流域里面，如果要是从南边向北边吹风，就落到黄河流域里面。这一条山脉，它把整个周边地区百姓的生活习惯，饮食习惯都改变了。像我们北边人都喜欢吃面，吃面条，吃馒头，南边人则喜欢吃米饭。

白云山南坡，老人正在晾晒这个秋季收获的大豆。虽然被人们习惯

…伏牛山景色

…洛阳嵩县白云山九龙瀑布

称作南方人，但这里的主要物产还是北方的农产品。

洛阳嵩县白河乡上庄坪村村民：因为家在白云山的南边住过，虽然说家在河南，但祖祖辈辈都称我们是南方人。

从生活和语言习惯来看，即使居住在白云山南坡，他们仍然是北方人。然而南方人的说法，早已成为当地人的认同。这种认同除了地理分界，还有历史的缘故。

罗孝民（文化学者）：过去属于楚国的属地，可以说是政治上的一个分界岭，就是说楚国和中原的交界地，刚好这边是楚国的属地，一般过去这帮人就叫他南方人。

春秋战国时期，周天子以洛阳为中心，而分封在其周围的诸侯国便以疆界划分互称南北，吴、越、楚等诸侯国因此都被称作南方。而这片山水当时属于楚国，所以政治和地理的双重身份让这座山同时拥有了双重性格：北方的苍劲与南方的灵秀。

白云山由于特殊的地理位置和复杂多样的生态环境，加上多年来人们的呵护。使得这座山保存了丰富的生物资源。森林覆盖率高达 95% 以上，来到这里，无疑是进入了一个巨大的氧吧。这里生长着众多的珍稀植物，像银杏那样的国家重点保护植物就有 32 种；野生动物中兽类有 62 种，鸟类有 213 种，昆虫的种类则超过 3 000 种。

然而，所有的数据无一例外地离不开水。这里地处暖温带与亚热带的过渡地带，年平均降水量达到 1 200 毫米以上，让这山的灵气呈现出各种色彩。水是山林的镜子，山林又是水的容颜。在宁静的水面上，微风的掠过就是这山水自然的交响。

只是，这平静并非一成不变。123 米的落差让水流跌落到山崖下的深潭里。因为山崖的崖壁上有九条褶皱，当地老百姓将这条瀑布叫做九龙瀑布。

在这陡峭的岩石上，映衬在林木葱郁的色彩中，这道水流如同一条白练凌空飘荡。水流直下深潭，溅起的水雾变幻着太阳的光芒。每到夏天，到这里避暑的游客络绎不绝，九龙瀑布便成为了洛阳远近闻名的一个风景区。

…鸡冠洞中华第一柱近景

水到了天上，会成雾，会成雨；在地上，汇成溪流，汇成江河；而从暗河流淌到这个地下世界的水，竟将石灰岩浸润成了这般模样。

…鸡冠洞中华第一柱远景

滴水溶洞不仅只是南方山水的特有，伏牛山下的鸡冠洞也是一

…鸡冠洞聚仙宫

…鸡冠洞鲤鱼戏水

…鸡冠洞叠罗汉

个典型的石灰岩溶洞。八亿年前，这里还是暖湿的浅海环境。今天，它已是大山深处的壮美。

100 多年前，就有人陆陆续续进入鸡冠洞，拿着火把开始端详这个地下宫殿，然而，至今也没有人能说得出它到底有多大，就像他们无法知道造成这景象的地下暗河有多长一样。

8 亿年前，鸡冠洞最初的样子应该是晶莹的石花，它是钟乳石花一样的凝结物，它的化学名字叫碳酸钙。从石花到巨大的钟乳石，水需要几亿年的打磨，稍不留意，它们便会悄悄地死去。

…鸡冠洞

再次见到竹林仍是在水边。在这个叫重渡沟的地方，潺潺溪水，茂林修竹，几乎就是文学作品中的意境。这里虽然不如南方温暖，但年降水量可达 1 000 ~ 2 000 毫米，已足够这些竹子在此地常年扎根。

竹子是常绿浅根性植物，主要分布在热带及亚热带地区。在中国，竹子被赋予了文化属性，成为气质品格的象征，产生了“梅兰竹菊”四君子，或者“梅松竹”岁寒三友等雅称，由此可见人们对竹子的喜爱。北宋著名文学家苏东坡甚至留下了“宁可食无肉，不可居无竹”的名言。

祖祖辈辈生活在竹林中的人们，他们的家中最多的自然是简单的竹器，这是与山外人家完全不同的一种生活。这里几乎每个人都会编织竹器。郝京超是重渡沟竹器手艺最好的一个，在他眼里，这些竹子就是自然对他们的馈赠。

郝京超（洛阳栾川重渡沟村民）：十六七岁就开始编竹器了，也不是为了卖，主要就是家里使用的时候编的，不使不编。编竹器因为家门口就是竹园，离竹园很近，冬天下大雪的时候，大雪一压，这竹竿一倒就倒在房子上。

因为有水，在这亚热带与温带的过渡地区才有竹林和溶洞，伏牛山似乎从来都不缺水。白云山崖上的水滴流成白河，注入汉水后流进了长江。而另一条发源于此的汝河，也在安徽省注入淮河，中国南北分界线正是秦岭与淮河一线。最后一条发源于伏牛山的河流则是伊河。

伊河的源头，在距离洛阳栾川县城19千米的地方。当这股水流到洛阳附近时，便与洛河交汇成伊洛河，而正是这条伊洛河，在冲破蒙昧昏暗的迷障后，在伊洛盆地催生了文明种子的萌芽。随后，它们又携手奔

…重渡沟竹林

…伊河源头

向黄河的怀抱。

这是中国的母亲河——黄河，河流从西北高原裹挟着大量泥沙冲出孟津后，便沉积出一望无际的平原。最早的中华文明就诞生在这里。不过，这条伟大的河流既为这片土地带来了文明的曙光，也给河流两岸的人们带来了一场场灾难。

1997年10月28日，位于洛阳市以北40千米的黄河干流上，黄河小浪底工程截流成功。这是中华民族治理黄河的一座里程碑。据测算，小浪底水利枢纽工程建成后，可以减少下游78亿吨泥沙的淤积。

2008年6月19日小浪底开闸调水，这是自2002年以来黄河小浪底的第七次调水调沙。如此大的水量可以将黄河中的泥沙送入大海，使下游河床20年内不会提高，从而为黄河综合治理创造20年的宝贵时间。

大坝建起后，这里形成了一个总库容126.5亿立方米，有效库容51亿立方米的巨大库区。这个库区除了具有拦沙、发电和水量调配功能外，还将使黄河下游的防洪标准，由现在的60年一遇提高到百年一遇。

2003年，黄河中下游地区遭遇了20年不遇的“华西秋雨”，连续出现10多次洪峰。持续的洪水使小浪底水库水位迅速涨了39米，情况十分危急！

林秀山（水利部黄河水利委员会高级工程师）：这个水流到下游以后，在山东东营，就把滩渠的生产地冲毁了。冲毁以后，咱们这个黄河下游滩渠上面，两省有179万人。

这是小浪底水利枢纽工程建成后第一次遭遇洪水的袭击，让人们欣慰的是，小浪底经受住了考验。

小浪底大坝截流后，黄河水第一次在这里变成了绿色。由于水面抬高，在库区烟色浩淼的湖面上点缀着大量的半岛、孤岛和险峰。

进入这曲折蜿蜒的河湾，眼前呈现出一个高峡平湖，两岸陡峭的岩壁与平静的湖水形成刚柔相济的独特风光，而那些善于在南方沼泽湖区嬉

…建成小浪底后的黄河

游觅食的野鸭，在这特殊的环境下，居然也像海湾的飞鸟，选择岩石上的坑洞作为栖息地，并开始了它们的繁衍生息。

也许它们飞翔在天空俯瞰湖面的时候，这里就是它们眼中的北方千岛湖。

激昂的河洛大鼓依然在河洛地区传唱，茶余饭后的人们，悠闲地品味着那些千百年来早已沉淀在这片古老土地上金戈铁马的尘埃。在历史的天空下，自然的雨露阳光，依旧滋润着山野村落，使河山重新焕发生机，令大地依然充满活力。

“把酒祝东风，且共从容。垂杨紫陌洛城东。总是当时携手处，游遍芳丛。”北宋文学家欧阳修所描绘的诗话景致，今天又重新呈现在我们眼前。

…洛河

十　再造洛阳

位于洛阳市中心的周王城广场，是洛阳人最熟悉的地方。广场的北面，一个以六匹马为主体的群雕奔腾而起，它的地下就是著名的天子驾六博物馆。

地面是城市广场，地下是文物殿堂，这就是古都洛阳独特的城市景观。

…周王城广场

…天子驾六

2002年7月，洛阳市文物局对这片即将施工的区域展开了前期文物勘探工作，结果发现了马匹的骨骼，于是，对这一地区实施了进一步的考古发掘工作。在移除了距离地面不到两米的表层浮土之后，一个特别的车马坑出现在了考古人员的眼前，也震惊了现场所有的人。

史家珍（洛阳市第二文物工作队队长）：一匹马，两匹马当时在旁边也没有多大的注意。等第六匹完整的出来以后，给我的感觉就不太一样了。等我们越来越多的清理出来以后啊，常识就告诉我，这是一个非常重大的发现。

这是一座长42米、宽7米多的车马坑，而静静卧在这里的，是6匹马驾一辆车的遗迹。根据古代典籍《古礼》上面的记载，驾六是周天子才能拥有的礼仪规制。在中国考古界，这是第一次在洛阳发现这种曾经记载于古书上的至高礼仪的实物遗存。在重大的考古发现面前，城市广场工程必须重新调整。

史家珍（洛阳市第二文物工作队队长）：当时就没有心思考虑这个了，那潜意识肯定知道，它有很多损失。但是，我们当时工作也很紧，考古发掘的任务量也很大，直到施工都停了，没办法。

最终，洛阳市政府临时调整了施工方案，让今天的人们有幸亲眼观

…天子驾六博物馆

…周王城广场

瞻那几千年前惊鸿一瞥的天子礼仪。而这种城市建设规划的调整，也是洛阳几十年城市发展历程中一个典型的特征。

每天清晨，89 岁的景小山都会来到中国第一拖拉机厂附近的这个公园散步、健身。1955 年 1 月 1 日“一拖”奠基之日，景小山就来到了这里。

景小山（中国第一拖拉机厂退休职工）：我说我懂得机车，就这样在车上待了 30 多年。这是小的，这是大的，这是油门，就跟过去的气门一样，这是手闸，跟过去的手闸一样，现在前后档了。

景小山1985年退休，之前，他一直是"一拖"的机车司机。今天，景小山又来到了"一拖"火车站。虽然机车的名字还是他所熟悉的"东方红"，但实际上早已更新换代。沿着当年的铁轨，景小山仿佛又找回了自己曾经的意气风发。就在这条路上，当年他开着机车，进入了当时中国最大的工厂之一，中国第一拖拉机厂。

1955年，作为新中国"一五"期间156个重点建设项目之一，中国第一拖拉机制造厂在洛阳破土动工。三年后，中国自己制造的第一台拖拉机以"东方红"命名开出了车间，从那时起，"东方红拖拉机"就成了中国农业机械化的代名词。

今天，"一拖"的部分车间里还保留有当年的时代印记，几台和厂子同龄的老设备还在发挥作用，生产部分简单配件。当然，更多的还是从现代化生产线上生产出来的新型拖拉机。如今，东方红拖拉机除了满足国家的农业需要，还出现在南极洲和世界100多个国家的土地上。

"一拖"现在位于洛阳的涧西工业区，不过当年建厂时，"一拖"的厂址设计在洛阳火车站以南，涧河以东，然而，时任文化部文艺局局长的郑振铎知道后建议改变厂址。他认为，那里是周王城遗址，不能破坏。最终，"一拖"便建到了今天这个地方。

洛阳是中国八大古都之一，在1 600年左右的时间里，历经了13个王朝，200多位帝王。千百年前，洛阳城池宏伟，城郭巍峨，宫阙壮丽，是当时东方繁华的国际大都市。新中国成立以来，经过不断地勘探发掘，洛阳众多的文化遗存陆续浮现。如果我们在天空俯瞰大地，沿着洛河，依然可以感受到二里头夏都、偃师商城、东周王城、汉魏故城、隋唐洛阳城五大都城遗址昔日的气派和辉煌。

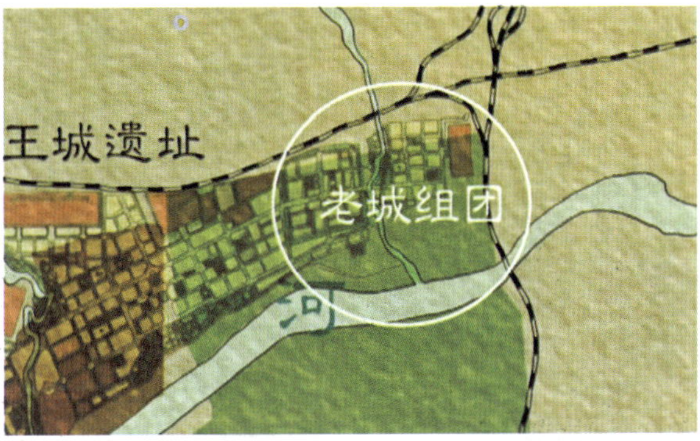

…洛阳市80年代现状图

从洛阳"一五"期间的现状图上可以看出，那时的洛阳人主要居住在老城区。富有远见的城市管理者将"一拖"厂

…洛阳东方红拖拉机厂

址移到了距离居住区十多千米远的地方，避开了东周王城和隋唐城，为后人保留下了价值无法估量的文化遗存，也形成了洛阳城市发展的第一期总体规划。

以“一拖”为中心，“一五”期间中国的156个国家重点建设项目有7个建在了洛阳，从而形成了洛阳涧西工业区。这种“撇开老城建新区”的发展模式，也在新中国几十年的发展历史上留下了“洛阳模式”的名词。

位于洛阳老城西关的丽京门最早建于隋代，是隋唐洛阳城的西大门。丽京门以里的老城区，也是宋室南迁之后，金元洛阳城的所在地。新中国成立之初，洛阳全城只有五万多人，大多居住在这里。

李国恩，曾经担任洛阳规划局的副局长。丽京门和老城区还能保留现在的模样，让李国恩倍感自豪。在洛阳城市快速发展的进程中，李国

…洛阳市工业区

…洛阳老城西关丽京门

恩在这片地方留下了自己的注脚。

李国恩(原洛阳市规划局副局长):在洛阳的西大街,从西边到丽景门,到东边的建春门,总共大约1 700米长。我们在1987年编的历史名城保护规划当中,关于东西大街风貌保护的一个内容,一直严格实施到现在,把这个古香古色的、传统商业、特色商业的这么一个街区,给留下来了。

20世纪80年代中期,在国家经济迅猛发展的背景下,洛阳开始了新一轮的建设,相隔30年后,洛阳第二期城市总体规划面临着比“一五”时期更为严峻的文物保护问题。在这片当年的建筑之间,就有许多保护与发展的故事不断上演。

在洛阳印刷厂的厂区里,有一个建于1988年的八角形建筑,它保护的是武则天时期的明堂遗址。

郭引强(洛阳市文物局局长):根据印刷厂发展的需要,要建一个车间。但是明堂发现以后,这个车间就没法建了,它又不可能像其他的工厂面积这么大的可以另选,印刷厂的厂址实际上已经在几十年前都建好

…汉魏故城遗址

了，所以只好就放弃这个建车间的这种需要，把这一块地做文物保护了。

每动一块土地就可能牵涉出一段历史，这是一个无法回避的现实，同时，也考验着洛阳人的智慧。

1989年，洛阳出台了历史文化名城保护规划。在这份规划里，洛阳人极富前瞻性地把这片土地上需要保护的地方都标注出来。更重要的是，保护历史文化遗存被提升到一个重要的高度。从那时起，李国恩见证了洛阳一个又一个充满奇特魅力的历史文化遗存规划保护之路。

20世纪90年代末，李国恩开始担任洛阳市规划局副局长。此时，他接手的最主要任务是起草洛阳市第三期城市总体规划，为这座发展迅猛的城市谋篇布局。

李国恩（原洛阳市规划局副局长）：洛河北岸的城市区已经没有发展空间，北边是邙山，东边是汉魏城的遗址区，西边是周山山区，在这种情况下，为了促进城市的发展，我们就必须给城市寻找新的发展空间。

世世代代以居住在洛河之北为骄傲的洛阳人，把城市的目光瞄向了洛河南岸，跨过洛河，向南发展。

李国恩（原洛阳市规划局副局长）：城市规划界有一种理论叫门槛理论，按照这种理论洛河就是我们城市向南发

展的一个门槛，但是我们不得不把洛河南岸作为城市发展的一个主要空间，因为周边没有空间了。

在中国文化传统中，山南水北为阳，洛阳因地处古洛水之阳而得名，自古以来，洛阳的城市主体也大都建在洛河北岸，对洛阳市跨过洛河向南发展的三期总规划思路，习惯了在这里生活的洛阳人，一开始并不认同。

在这样平坦的道路上行驶，以前在龙门石窟是无法想象的。李祥民享受着这样的过程，也回味着他这一生中最艰难又是最荣耀的时刻。

李祥民（原洛阳龙门石窟管理局书记）：当时乱搭、乱建、乱兜售都

…洛河南岸

在这一块。这一条路上两边都是搭的帆布和小破棚子，而且非常乱，直到后来我们才整治出来的这个绿地。

位于龙门石窟脚下的这片地方在10年前还是个小村庄，当时的龙门村村民就在龙门石窟风景区做点小买卖，日子过得倒也安宁。2000年，因为龙门石窟整体申报世界文化遗产，这个村庄变成了这一大片林木草地。

2000年1月1日，联合国教科文组织将龙门石窟列入《世界遗产名录》。数字记录了这里发生的变化，如今龙门石窟每年门票收入为8 000多万元，比申报世界文化遗产以前增长了八倍，游客翻了近十番。龙门村村民当年的付出如今也有了回报，他们集中在龙门商业区做起了老板。

龙门石窟申报世界文化遗产的成功给洛阳带来了一个重要变化，就是每个洛阳人开始真正明白一个道理：在他们今天享受这份遗产的时候，也应该更好的保护这份遗产，让它惠及后代子孙。

1997年，洛阳理工学院在洛河南岸破土动工，学院的这座图书馆是完工的第一个建筑。让人没有想到的是，从1997年到2003年的整整六年间，这是洛河南岸的唯一建筑。

而从2003年开始，洛河南岸一片喧嚣，一个一个工地热闹了起来。

…隋唐洛阳城遗址

…洛阳博物馆

跨过洛河，一个新的洛阳破茧而生，行政中心、文化中心、体育中心，楼房、道路、天空、绿地，每一天都是新鲜和不同。洛河两岸，18 千米长的洛浦公园，像母亲的臂膀环绕着生长中的城市。每一个元素和符号都洋溢着前所未有的生机与活力。

这是龙门石窟申报世界文化遗产成功后带给洛阳人全新的发展理念：开发重要，保护更重要。

规划面积 55 平方千米的洛南新区包含了 22 平方千米的隋唐城南市里坊区，保护和开发也是这里的重要问题。

隋唐时期，为了便于管理，都城内每一里见方就规划一个居民区，称为里坊。隋唐洛阳城共有 109 坊，目前已考古探测到 64 坊。

李国恩（原洛阳市规划局副局长）：隋唐城里坊遗址区，在图上就是这么一个范围，总面积二十多平方千米，我们现在就站在这个地方，洛河

…洛阳市民

南岸城市新区的建设，完全避开了这个范围，真正地保护了这个遗址区，你看现在那房子，完全就在遗址区以外，说实在的，那么大一个区域，要完全地保护，难度很大，需要很大的魄力。

隋唐城里坊区的完整保护在国内还属首次，也是世界范围内保存最完整的古代都城里坊区。这里，将会建成一座遗址公园，复原展示唐代里坊的面貌。通过它，人们可以想象一千多年前隋唐洛阳城这一世界大都市的宏大规模，感受着大唐盛世的气度非凡。

在里坊遗址保护区内，一处工地正在施工，建成后，它将是这片区域内唯一的大型建筑，这就是新的洛阳博物馆，也是 2009 年世界集邮展的举办地。新馆凝聚了每一个洛阳人的情感，也将成为洛阳的精彩篇章。

王立林(洛阳市人民政府副市长)：这个博物馆究竟设计成一个什么样的造型？如何在这个博物馆中体现出洛阳文化的厚重，或者是说我们文化的多元性等等，要把这个能够更好的展示出来，这是我们这个费了很大的劲。

这是一个“天人合一”的建筑，洛阳博物馆新馆建在里坊之间，既不破坏地下的文物遗存，又和周围的里坊遗址相结合。让人们可以徜徉其中，触摸到现在和过去、实物和遗迹、现实和想象浑然一体。人们用这样的方式感受几千年的文明，在这个时间和空间架构的独特文化殿堂里神游万仞，心骛八极。

在洛河北岸，和洛阳博物馆新馆遥遥相对的，是洛阳印刷厂。现在，印刷厂早已搬走，变成了一片繁忙的考古工地。而在考古队员的脚下，这里就是被掩埋在地下上千年的隋唐洛阳城宫城遗址。

石自社（中国社科院考古所唐城考古队队长）：从这个解剖沟里我们可以看到，就是从隋一直到北宋，这宫城的正殿都在这个位置，这几种夯土互相就是有打破关系，交合在一起，这也充分就证明了，这个隋唐洛阳城沧桑的历史沿革，就是将近五百年的历史沿革的夯土都汇聚在这个位置里边。

明堂，是矗立在隋唐城宫城午门前，高达百米、柱状的宏伟建筑。保

…洛浦公园

护于20世纪80年代的明堂遗址，一直等待着和宫殿重新合为一体。20年后，即将成为现实。

城市快速发展中无暇顾及的地下遗存将被逐步清理出来，通过发掘出的遗址，隋唐洛阳城巍峨恢宏的宫殿规制会真实地展现在世人面前。在这里，学者可以开展梦寐以求的研究，百姓可以进行悲欢离合的想象。每个人都能在自己心中勾画出一个如梦如幻的盛世王朝。

和熟悉的街坊邻居们在一起，景小山每天都这样快乐地度过。中国人讲究的就是晚年可以含饴弄孙、颐养天年。寒来暑往，日升日落，能和相处了几十年的老朋友随时相聚，即使平淡，也有生活的韵味。

景小山居住的小区叫十号街坊，“一五”期间，洛阳涧西工业区一共建造了36个这样的街坊小区，供在工业区工厂上班的员工居住。半个多世纪前，“一拖”刚刚建成时，景小山就搬了过来。那时候，这种带有些许欧式风格的居住环境，伴随着新中国初期的热情和浪漫，让居住在这里的人们充满了一份自豪和满足感。

景小山(中国第一拖拉机厂退休职工)：你叫我说，我确实是有感情，去哪儿也不胜这儿，金窝银窝，也不胜我这狗窝。从我的内心里，我是不想走，那里就是住到我老，住到我走。

…天子驾六博物馆

…洛阳新区

每到周末，景小山的儿女们都会回到十号街坊陪他一起度过。虽然孩子们都已成家，但是他们回到这里就好像回到了从前。

7 个子女中，有 5 个在十号街坊出生，他们在这里长大，成为这座城市建设者的一员，因此，和父亲一样，孩子们生命中最美好的时光都和十号街坊有了关联。

20 世纪 80 年代以来，涧西工业区的厂区和街坊开始改造重建。如今，像十号街坊这样充满老工业时代特色的建筑在涧西区已经所剩不多。2006 年，洛阳市政府把这些建筑列为文物保护单位。

连维良(中共河南省委常委洛阳市委书记)：保护古代遗产是一种文化的传承，保护现代遗产也是一种文化的传承，我觉得一个城市的发展，每一个重要的历史阶段，都应当有一些能够代表这个时代的实物的文化遗存。

在这座千年古城的记忆里，只有50多年历史的十号街坊成为了最新的组成部分。从夏都斟鄩开始，每一段历史，都在洛阳留下了它们自己的足迹，这些足迹上溯几千年延续至今，组成了一部名叫洛阳的厚重大书。

在洛阳市规划局的绘图室里，正孕育着另一个新的洛阳。第四期城市总体规划中，洛阳的发展方向将要跨过伊河，透过图纸，一座崭新的城市呼之欲出。

…洛南新区

…洛河

新的机场、新的车站、新的大桥。在跨过洛河建设洛南新区之后，城市不断生长的躯体又将在河洛之间书写新的历史。

只是，无论人们如何打造这座城市新的地标和容貌，洛阳都延续着自己的历史和故事。变与不变之间，永恒的是这里的精神与气质。

天子驾六博物馆的西南方，最新的考古发现又在补充洛阳的故事。这是一个东周时期的墓葬群，由 39 座墓葬组成。考古挖掘工作还没完成，出现在眼前的只是一处两马驾一车的遗迹。文物定格了一个时代的断面，所有这些都将还原出一段真实的历史。考古工地位于城市的中心，和周围的楼房一起，组成了一幅只属于洛阳的画面。

如果从现代时空中观察，这是一座普通的城市，工厂和街区，高楼和马路；如果在历史坐标上解读，这是一座特殊的城市，地上与地下，曾经与未来。

当新中国走过 60 年的历程时，回首洛阳，她的步伐显得如此独特。整个城市保护区和建成区竟然各占 50%，而就是这 50% 被保护的区域，却是中华文明五千年历史文明的积淀，而这也将是留给子孙后代无法再生的珍贵遗产。

天地洛陽

摄制组人员名单

总 顾 问 连维良 郭洪昌
总 策 划 王全乐
总 监 制 盛亦来 王立林 杨刚毅
监　　制 王广令 田亚平 刘 文 王宇振

总 编 导 刘 文
策　　划 田亚平 李余良 张利箭
顾　　问 王 巍 蔡运章 徐金星 苏 健
总 撰 稿 张毓雄
撰　　稿 李 侠 苟 博
编　　导 李 侠 苟 博 张 鑫 李 苒
摄　　影 朱 奕 李 亭 金贵荣 陈林聪
张 鑫 姜可千 关冬培 徐大明
李 厦
片名题字 李进学
责任编导 田 源
作　　曲 吴咏梅
解　　说 李 易
英文翻译 于 展
再现导演、摄影 张 鑫
航空摄影 李 亭 朱 奕 胡庭玉
摇臂摄影 赵大成 柳 岩 李 浩
副 摄 影 刘方斌
助理编辑 武 丙
动画设计 杨玉梅 于清渊
动画制作 王凯翔 王宋伟 刘 帅
手绘动画 崔厚栋 周 莹
数码制作 北京龙马天扬文化传播有限公司
音乐编辑 吴咏梅
录音合成 瞿卫军 刘 芳
音乐监制 吴知言
编　　曲 郑君胜 吴知言
音乐录音 王 锐 梁 迪
音乐统筹 姜 涛
灯　　光 孙高勇 曹伟大
摄影助理 李荣源 张春坡 郑文深
技　　术 张志新 张雪辰 夏 岩 白 杰
非线编辑 张 梵
技术统筹 张立新
节目统筹 徐笑梅 王培彩 孙雁冰 辛 逸
外联统筹 张 宁
制片主任 徐玉刚 胡庭玉
制 片 人 赵连权 李占营

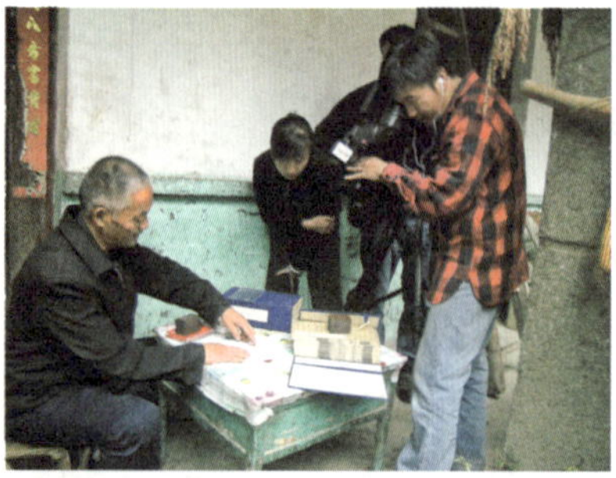

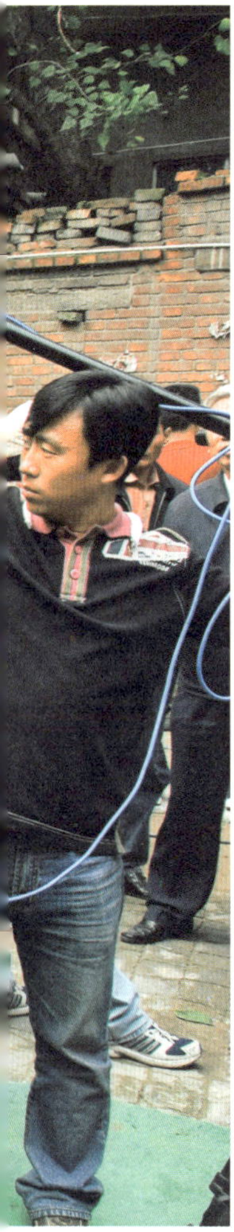

本书照片均由孙雁冰、胡庭玉提供。

图书在版编目（CIP）数据

中央电视台大型电视纪录片：天地洛阳 / 中央电视台《天地洛阳》摄制组著．—上海：上海科学技术文献出版社，2012.5

ISBN 978-7-5439-5393-2

Ⅰ．①中… Ⅱ．①中… Ⅲ．①洛阳市—地方史 Ⅳ．①K296.13

中国版本图书馆 CIP 数据核字（2012）077581 号

责任编辑：张　树
封面设计：许　菲

中央电视台大型电视纪录片·天地洛阳
中央电视台《天地洛阳》摄制组　著
出版发行：上海科学技术文献出版社
地　　址：上海市长乐路 746 号
邮政编码：200040
经　　销：全国新华书店
印　　刷：上海海红印刷有限公司
开　　本：787×1092　1/16
印　　张：10.75
字　　数：149 000
版　　次：2012 年 5 月第 1 版　2012 年 5 月第 1 次印刷
书　　号：ISBN 978-7-5439-5393-2
定　　价：48.00 元
http://www.sstlp.com